번역
하는 마음

번역하는 마음 —

서라미 인터뷰집

왜 마음일까. 일에 마음을 섞는 태도는 대개 환영받지 못한
다. 마음을 드러내며 일하는 사람은 아마추어로 평가받고, 일
터에서 듣는 감정적이라는 말은 기본이 안 됐다는 말과 비슷
한 효과를 낸다. 그렇게까지 숨겨야 하는 마음이라면 차라리
없는 편이 낫지 않을까. 영국의 작가이자 배우인 쿠엔틴 크리
스프는 아무런 감정이 없는 것처럼 말하고 행동하면 실제로
감정이 사그라지는 경지에 오를 수 있고 그것이 성공하는 삶
에 이르는 열쇠라고 믿었다. 너무 차가워지지 않겠느냐는 인
터뷰어의 질문에 그는 이렇게 대답했다. 더할 나위 없이 차갑
지만 더할 나위 없이 근사하기도 하죠.

　　쿠엔틴 크리스프의 말처럼, 감정이 없는 사람처럼 구는
게 근사한 일이라면 이건 어떨까. 존재란 내 감정, 내 마음이
라고 말한 사람은 정혜신 박사다. 그에 따르면 나는 내가 다
니는 직장도, 내가 졸업한 학교도, 내가 아는 지식도, 내가 가

진 물건도 아니며 오로지 내가 느끼는 감정이다. 경험도 내가 아니다. 경험할 때 내게 일어난 마음을 말해야, 나라는 존재를 말한 것이다. 그러므로 마음을 묻는다는 것은 존재의 핵심으로 들어가겠다는 말이다.

이렇게 쓰고 보니 좀 쑥스럽다. 나는 열 명의 인터뷰이에게 열심히도 마음을 물었지만 존재의 핵심에 가닿겠다고 생각한 적은 없다. 무릎이 닿기도 전에 모든 걸 꿰뚫어 보는 '무릎팍 도사'가 아니고서야 고작 몇 시간의 인터뷰로 존재의 핵심까지 파고들 수 있을 리가. 하지만 마음 앞에 '번역하는' 이라는 수식어가 붙으면 어떨까. 정혜신의 말처럼 마음이 존재의 핵심이라면, 번역하는 마음은 곧 번역하는 존재다.

열 명의 인터뷰이에게 만남을 요청하는 메일에서 나는 이 책의 기획 의도를 이렇게 설명했다. "번역자는 투명 유리처럼 존재해야 한다는 명제 때문에 그동안 가려져 있었던 번역자와 번역의 세계에 스포트라이트를 비추고자 하는 것이 이 책의 출간 의도입니다." 쓰면서도 조심스러웠다. 번역자에게 대놓고 조명을 비춰도 괜찮을까. 니콜라이 고골이 말했다는 '번역자 투명 유리론'처럼 저자와 독자 사이에서 있는 듯 없는 듯 존재해야 하는 것이 번역자의 참된 자세가 아니던가. 나 역시 번역자는 존재감을 드러내면 안 된다고 배웠고 그래서 옮긴이 주도 최소한으로 붙이고, 어느 시기까지는 역자 소개조차 튀지 않게 쓰려고 애썼다. 하지만 마음 한구석에 늘 의문이 남았다. 누구든 투명 유리처럼 존재하는 게 가능할까.

사람은 자신의 마음이라는 렌즈로 세상을 보고 자신의 목소리로 세상을 재현한다. 번역자도 마찬가지다. 번역자의 신념과 가치관에 따라 원문을 해석하고 번역자의 언어로 원문을 재구성한다. 그러니 어떤 색깔도 더하지 않은 채 투명 유리처럼 원문을 그대로 통과시키는 일은 불가능하다. 원문은 하나여도 번역문은 번역자의 수만큼 존재하는 이유가 여기에 있다. 고골은 태양 빛을 반사하기만 하는 달과 같은 존재로 번역자를 본 듯하지만, 내가 경험한 번역자는 스스로 빛을 내는 존재다. 원문이라는 에너지를 원동력 삼아 빛을 내는.

　　하지만 공적인 자리에서 번역을 논할 때 번역하는 사람에 관해 이야기하는 경우는 많지 않다. 소재가 되는 것은 주로 번역의 결과물이다. 번역문이 원문과 얼마나 비슷하거나 다른지를 평가하는 번역 비평이나, 원문에 가까운 번역문을 만들기 위해서는 어떻게 해야 하는지를 말하는 번역 방법론이 그렇다. 텍스트에만 집중하는 그런 목소리를 들을 때마다 내가 떠올린 것은 그 뒤에 감춰진 사람이었다. 번역자는 어떤 사람일까. 어떤 마음으로 번역을 할까. 어떤 환경에서 번역을 이어가고 있을까. 공감이 인류를 구원한다면, 이런 질문이 번역의 세계를 더 낫게 만들 것이라고 나는 믿는다.

　　내가 봄부터 여름에 걸쳐 만난 열 명의 인터뷰이는 모두 번역하는 사람들이다. 이들은 온종일 번역을 생각한다. 드라마를 볼 때도, 음악을 들을 때도, 거리를 걸을 때도 습관처럼 혼자만의 번역 놀이에 빠져든다. 나는 인터뷰를 기회 삼아 번역의 한복판에서 한 발짝 걸어 나온 이들과 번역을 음미하고 싶었다. 습관처럼 번역하는 이들과 번역하는 마음에 관해 말하는 시간은 그러므로 온통 번역이었다.

세상이 온통 번역이다

번역의 한자어는 '번역할 번(飜)'에 '풀 역(譯)'으로 이루어져 있다. '번'에는 하늘을 나는 새가 몸을 뒤집어 방향을 바꾼다는 의미가 있으니, 넓게는 말을 뒤집어 푸는 모든 행위에 번역이라는 말을 붙일 수 있다. 한국어인데도 도통 알아들을 수 없는 클라이언트의 말을 실무자 입장에서 풀어주는 클라이언트 언어 번역기가 있는가 하면, 동물의 울음소리까지 번역해주는 인공지능 번역기도 있다. 각 지역 사투리를 표준어로 풀어주는 방언 번역기도, 시각장애인을 위해 문자를 점자로 푸는 점역도, 청각장애인을 위해 소리를 손으로 옮기는 수어 통역도 모두 번역이다. 이쯤 되면 세상에 번역 아닌 것이 없어 보인다. 소득이 있는 곳에 세금이 있고 삶이 있는 곳에 죽음이 있듯, 언어가 있는 곳에 번역이 있다.

　　세금과 죽음을 피하고 싶은 것처럼 번역도 달갑지 않을 때가 있기는 하다. 이렇게 온갖 것을 굳이 번역해야 하는지 나는 가끔 의문이 든다. 살다 보면 모르는 게 약일 때도 있다. 하느님은 바벨탑을 지은 인간을 벌하기 위해 언어를 흩어놓았다는데, 번역을 하다 보면 과연 외국어 공부란 신이 내린 벌이라는 생각이 들 때가 있다.

영화 〈은하수를 여행하는 히치하이커를 위한 안내서〉에는 누구나 탐낼 만한 물고기가 등장한다. 작고 노랗고 거머리처럼 생긴 이 물고기의 이름은 바벨 피시다. 인간의 뇌 속에서 뇌파 에너지를 먹고 사는 바벨 피시는 숙주 주변의 에너지를 섭취한 뒤 텔레파시로 만들어 숙주의 뇌에 배설함으로써 주변에서 어떤 언어가 들려도 알아들을 수 있게 해준다. 허무맹랑하게 들리지만 누가 알까. 50년쯤 뒤에는 누구나 귀에 물고기 한 마리씩 넣고 외계인과 소통하게 될지. 그렇다면 주의 깊게 봐야 할 것은 바벨 피시의 습성이나 뇌파 변환 원리가 아니다. 바벨 피시 덕분에 어느 때보다 자유롭게 소통하게 된 인류의 미래는 어떠할 것인가. 그때 인류는 '하늘엔 조각구름 떠 있고 강물엔 유람선이 떠 있는' 그런 세상에 살고 있을까. 땡. 소설 속 정답은? 우주의 어떤 존재보다도 처절한 전쟁을 자주 치렀다는 사실. 전쟁을 유발하는 언어라면 굳이 번역할 필요가 있을까.

모르는 게 약인 것은 또 있다. 아라카와 히로무의 만화 〈은수저〉는 얼떨결에 농업 고등학교에 진학한 주인공의 좌충우돌을 그린 만화다. 견학차 마구간을 방문한 주인공은 마필 관리사의 업무에 대해 설명 듣다가 스님을 발견한다. 지난밤 숨을 거둔 말의 장례식을 치르러 온 스님이었다. 말에게도 장례를 치러주느냐는 주인공의 질문에 마필 관리사는 이렇게 대답한다. 돈 되는 가축으로 태어난 죄로 피도 눈물도 없는 생사의 갈림길에 내몰리는 말도 있지만, 어떤 마주를 만나느냐에 따라 변변치 못한 등급이어도 사랑받다 따뜻하게 생을 마감하는 말도 있다고. 그리고 이런 말을 덧붙인다.

"말의 마음을 완벽하게 안다면 아마 우리가 돌아버릴지도 몰라."

한쪽의 마음먹기에 따라 생사가 결정되는 관계에서도 소통은 정답일까. 번역하지 않는 게 나은 이야기란 이런 것이다. 소통은 아름답다는 공식을 기계적으로 적용했을 때 마주하게 될 세상은 아름답지만은 않을 테니까.

그럼에도 세상은 끊임없이 번역을 한다. 오늘 점심에 디저트로 먹은 과자의 성분은 5개 국어로 적혀 있고, 잠들기 전에는 세계 30여 개 언어로 번역된 작품의 한국어판을 읽는다. 엄마는 아기의 울음소리만 듣고도 새 기저귀를 준비하고, 효율적으로 일하라는 상사의 말에 직원은 보고서의 분량을 3분의 2로 줄인다. "자니?"라는 누군가의 문자를 덮어두지 못하는 이유도, "비가 오려나"라고 말하는 할머니의 무릎을 걱정하는 이유도 우리가 그 안에 담긴 메시지를 번역했기 때문이다. 세상은 수많은 번역으로 이루어져 있다.

수많은 번역, 그 안에 담긴 마음을 찾아서

사전은 번역을 "어떤 언어로 된 글을 다른 언어의 글로 옮김"이라고 정의한다. 하지만 이 책에서는 옮기고 옮겨지는 대상을 글에 한정하지 않았다. 말을 말로, 말을 손짓으로, 글을 기호로, 기호를 기호로 옮기는 모든 행위를 아우르는 용어로 번역을 선택했다. 인터뷰를 시작하기 전까지만 해도 나는 번역의 세계가 얼마나 다양한지 보여주겠다는 생각에 사로잡혀 있었다. 그래서 직업을 묻는 말에 번역을 한다고 대답하면 이어서 받게 되는 질문은 "(수많은 번역 중) 어떤 번역을 하세요?"가 되기를 바란다는 말로 이 책의 서문을 끝맺을 계획이었다.

하지만 번역의 다양함을 아는 일이 무슨 의미가 있을까. 누군가 그걸 왜 알아야 하느냐고 묻는다면 딱히 내놓을 답이 없다. 누구나 어떤 분야에 대해 얼마간 오해하면서 오해하는 줄도 모른 채 평생을 산다. 번역이라고 각별히 잘 알아야 할 이유는 아무리 생각해도 떠오르지 않았다. 하지만 번역이 아니라 번역하는 마음에 관해서라면? 그 마음을 왜 알아야 하느냐고 누군가 내게 묻는다면, 나는 의자를 당겨 앉은 뒤 잠시 숨을 고르고 긴 대화의 첫마디를 시작할 것 같다.

인터뷰란 한 번뿐인 인생을 사는 두 사람이 한순간 스쳐지나간 뒤 한 번뿐인 각자의 삶의 끝을 향해 나아가는 일이라고 말한 사람은 일본의 사회학자 기시 마사히코다. 스치는 찰나에 들은 이야기 중에서도 일부만을 기록한 것이 인터뷰집

일 텐데, 나는 그중 어떤 이야기를 기록으로 남겼는지 생각한다. 인터뷰 중에서 가장 오랫동안 기억에 남는 이야기는 대개 "맞아요!"라는 외마디 맞장구가 터져 나온 순간의 대화였다. 누군가의 마음과 내 마음이 같다는 사실을 발견했을 때, 거기에는 공감을 넘어서는 무언가가 있다. 마음이 같다는 사실만으로 그의 서사가 해피엔딩이기를 바란 경험은 얼마든지 있다. 그저 그런 잡담이나 노닥거림에서는 결코 화제에 오르지 않는 이야기들, 이를테면 어떤 마음이 당신을 번역으로 이끌었는지, 당신 삶에서 번역이란 대체 무엇인지 같은 이야기를, 처음 만난 사람에게 듣는 일에는 마법이라는 단어가 아니면 도무지 설명할 수 없는 신비로움이 담겨 있었다. 인터뷰를 마치고 돌아가는 길의 풍경이 한결같이 아름다웠던 건 그들의 말 속에 내 마음이 깃들어 있었기 때문이다. 같은 마음을 느꼈다는 걸 실감했을 때 느껴지는 전율, 따듯함, 깊이 같은 것들을 기억하고 싶어서 나는 자주 걸음을 멈춰 메모를 했다.

　이 책은 번역하는 마음에 관한 열 가지 이야기다. 저마다 다른 세상에서 얼마간 같은 마음으로 번역을 하는 열 명의 이야기이기도 하다. 이들에게는 공통점이 있다. 소통에 많은 설명이 필요하지 않았다는 점이다. 인터뷰의 콘셉트를 설명할 때도, 장소와 시간을 정할 때도, 사례와 마음을 들려달라고 고집스럽게 주문했을 때도 그들은 마치 내가 할 말을 이미 알고 있었다는 듯 대답을 들려주었다. 물론 내가 물은 것보다 더 많은 마음을 기꺼이 들려준 이도, 책에 쓰지 못한 마음도 있다. 처음에는 어쩌면 이렇게 좋은 인터뷰이를 만났을까 생각했다. 열 명의 인터뷰이가 하나같이 우호적이었다는 사실을 깨닫자, 호감이나 성의만으로 결론 내릴 수 없는 무언가가 있는 게 아닐까 생각하게 됐고 그 끝에 약간 무모한 추측에 이르렀다. 많은 말을 하지 않아도 소통이 되는 건, 혹시 말 너머에 담긴 진심을 간파하는 일을 직업으로 삼은 이들의 특징일까. 그러니까 일상에서도 번역의 레이더가 늘 켜져 있어서 상대방이 고른 단어와 말투, 말과 말 사이의 침묵으로 맥락과 감정까지 읽어내는 능력이 그들에게는 있는 것이 아닐까. 물론 아닐 수도 있지만 이것만은 말하고 싶다. 그들의 정성이 정말로 고마웠다고. 인터뷰를 진행하며 맞닥뜨린 뜻밖의 크고 작은 고비를 무사히 넘길 수 있었던 건 이 인터뷰에 대한 그들의 배려 덕분이었다. 나와 마음이 같은 동료가 있다는 사실이 곧 내가 틀리지 않았다는 확인과 격려가 될 때가 있다. 지금도 어디선가 무언가를 번역하고 있을 그들에게 이 책이 작은 응원이 되었으면 한다.

마음을 번역하는 마음

나는 지금은 사라진 작은 출판사의 환경 도서를 첫 책으로 번역을 시작했다. 그동안 번역한 책을 세어보니 종수로는 절판된 책을 포함해 40여 권이 조금 안 되고, 도서관 청구 기호의

100번과 300번, 600번과 800번 대에 속하는 책들을 주로 번역해왔다. 10년간 40여 권이면 많은 건 아니다. 그중에 이름만 대면 알 만한 베스트셀러가 있지도 않다. '이 책을 쓸 자격이 내게 있는가'라는 질문이 머릿속을 떠나지 않았지만, 그렇다고 인터뷰를 그만두지도 않았다. 그만둘 것도 아니면서 자격을 따지며 머뭇거리는 것도 모자라 그 와중에 인터뷰를 잘하고 싶다고 욕심까지 부리는 복잡다단한 마음으로 인터뷰를 이어나갔다.

질문을 바꿔보기로 했다. 자격이란 뭘까. 이 책을 포기할 기회는 여러 번 있었다. 만난 적 없는 이들에게 대뜸 연락해 당신의 이야기를 들려주겠느냐고 물으려니 손도 입도 떨어지지 않았다. 질문지를 만들다 정신을 차리고 보니 첫 번째 인터뷰 사흘 전이었다. 맙소사, 인터뷰를 어떻게 하지? 막막했던 와중에 용기를 낼 수 있었던 건 "나는 내성적인 사람이다"라는 어느 전문 인터뷰어의 고백 덕분이었다. 용기가 가까스로 불안을 앞선 상태에서 인터뷰이와 만난 나는, 대화에 몰입한 나머지 종종 답변 중간에 끼어들어 내 이야기를 늘어놓았고, 자주 다음 질문을 잊었다. 그만둘 마음이었다면 그럴듯한 핑계를 대는 것은 일도 아니었지만, 그런 기회들이 흘러가게 둔 것은 내 의지였다. 역서의 수나 판매량으로 자격을 물은 것은 아마도 내 안의 자격지심 때문이었을 텐데, 그럼에도 인터뷰를 계속할 수 있었던 것 역시 내 안의 어떤 마음 때문이었을 것이다. 그것을 '나의 번역하는 마음'이라고 부르고 싶다.

나는 평소 자기가 하는 일의 가치를 과장하는 말을 들으면 좀 우습다고 생각하는 쪽이다. 이를테면 책을 쓰거나 만드는 사람이 책에 관해 말할 때 인류 정신의 보고니 값으로 매길 수 없는 고귀함의 정수니 운운한다면 '봉이 김선달이 눈앞에 있구나' 생각하는 식이다. 마찬가지로 '번역이란 무엇인가'라는 질문에 번역은 반역이라는 둥, 번역은 월경의 아포리아라는 둥 자신도 설명할 수 없는 거대한 개념만 늘어놓는 사람의 말은 잘 믿지 못하겠다. 번역은 그냥 한 언어를 다른 언어로 옮기는 일이다. 그 안에 번역자의 철학을 담는 것은 다른 문제이지만, 어쨌든 이것이 그 전까지 내가 번역에 관해 책임지고 할 수 있는 말이었다. 하지만 정의하기에 더없이 단순한 이 일을 하는 동안 내 마음마저 단순했는가 하면 그렇지는 않았다. 취미에 관해 쓸 때는 마냥 가벼웠던 손가락이 번역에 관해 쓸 때는 키보드 위에서 방향을 잃고 의미 없는 춤을 췄던 것은 아마도 번역에 대한 내 마음이 단조롭지 않았기 때문일 것이다. 번역을 생각하는 마음에는 갈래가 너무 많아서 나는 번역을 열렬히 사랑하기도, 번역에 저주를 퍼붓기도 했다.

인터뷰를 마친 지금, 번역이란 무엇이냐고 다시 묻는다면 나는 이렇게 답하겠다. 표현되기 전에 존재했을 생각의 덩어리를 헤아려 형용하는 일이라고. 번역은 한 언어를 다른 언어로 옮기는 일이지만, 언어만 옮기는 일은 아니다. 언어로 표현되기 이전에 존재했을 생각의 덩어리를 가늠하는 일 또한 번역이고 그것이야말로 번역의 진짜 출발점이다. 대응하는 단어를 찾고 정해진 문법과 규칙에 어긋나지 않는 문장으로 표현하는 일은 그다음 일이다. 하지만 그것조차 번역의 과정일 뿐 매력은 아니다. 내 생각에 번역의 묘미는 생각 덩어리와 그 표현이 완벽하게 일치하는 일은 불가능하다는 데에 있다. 번역자가 느끼는 희로애락과 그 많은 번역 비평은 모두 이 '같을 수 없음'에서 출발한다. 그러므로 번역자의 자세란 완벽하게 형용할 수 없는 대상에 최대한 공감하기 위해 노력하는 것이 아닐까. 번역자의 다른 이름은 공감자인지도 모른다.

　내가 알던 번역의 정의에 깊이를 더해준 사람은 다른 번역자들이다. 이 책에서는 그중 열 명과 만나 이야기를 들었다. 농인과 청인을 연결하는 수어 통역사, 미얀마의 평화를 기도하는 미얀마어 통번역사, 팀과 하나 되어 외국인 선수와 한국인 선수를 이어주는 여자 배구 통번역사, 영화인의 언어를 옮기는 영화 통역사, 출판사를 운영하며 취향을 담은 책을 꾸준히 선보이는 일본어 출판 번역가, 통역에 관한 만화를 그리는 중국어 통번역사, 국내 최초 법률 언어 전문가를 꿈꾸는 법률 통번역사, 한국 영화로 한국 문화를 전달하는 영화 번역가, 해군사관학교에서 러시아어를 가르치는 군사 통번역사, 시각장애인의 꿈을 응원하는 음악 점역사까지 총 열 가지 분야의 번역자들이 저마다 마음에 품고 있던 번역에 관한 생각을 들려주었다.

이 열 가지는 번역의 전부가 아니고, 세상에는 훨씬 다양한 번역이 있다. 위의 열 명을 인터뷰이로 선정한 이유는 이들이 번역하는 자신과 마주했을 때 발견한 이야기를 세상과 나누고 싶어 하는 사람들이기 때문이다. 하는 일에 관해 공개적으로 말하는 일은 장애물달리기와 비슷한 면이 있다. 말한 결과가 일에 미칠 영향, 일을 둘러싼 사람과의 관계, 말에 비해 불확실할 수밖에 없는 결과 등을 고려해 안전한 말과 그렇지 않은 말을 가릴 수밖에 없다. 하지만 그중에서도 가장 어려운 장애물은 그 일을 하는 나와 대면하는 일이 아닐까라고 나는 여러 인터뷰이를 만나며 생각했다. 번역에 관해 말할 때 번역자가 하는 이야기는 번역을 해왔던, 하는, 할 나로부터 벗어날 수 없고 그래서도 안 된다고 나는 믿는다. 이를 위한 전제 조건은 나와 대면할 용기다. 자신과 마주하는 시간을 거치지 않은 사람의 말은, 비유하자면 번역기가 번역한 문장과 비슷하다. 오류는 없지만 감흥도 없는. 결국 다시 마음이다.

"번역하는 마음, 번역하는 마음"이라고 중얼거리니 어느 순간 내 입에서 나온 말이 "마음 번역하는"으로 들린다. 마음 번역하는, 마음 번역하는, 마음을 번역하는 마음. 우리는 타인의 마음을 번역하기 위해 그가 뱉은 말을 살피고, 내 마음과 꼭 맞는 번역어를 고르기 위해 오래 고민한다. 적확한 번역어를 찾지 못해 차라리 입을 다물 때도, 언어로는 담지 못해 그림이나 음악으로 번역할 때도 있다. 남김없이 번역되어 박제된 마음이 있는가 하면, 여전히 번역되기를 기다리는

마음, 미처 번역되지 못하고 사그라진 마음도 있다. 마침표를 찍을 때까지 포기하지 않은 누군가의 문장처럼, 삶이란 마음을 온전히 번역하기 위해 포기하지 않는 과정이 아닐까. 그럼에도 '번역'은 완벽할 수 없고 가능한 것은 얼마간의 공감뿐이며 그것을 위해 착실하게 이해를 구해나가는 수밖에 없다는 사실을 알지만 말이다.

　　마음을 읽어내는 것이 번역이라면 인터뷰 또한 마땅히 번역이다. 나는 인터뷰이를 완벽하게 번역할 수 없다. 인터뷰를 하는 동안 내가 믿을 건 그가 들려주는 말뿐이고, 내가 할 수 있는 일은 그가 한 말을 주워 담아 퍼즐 맞추기를 한 뒤 그에 대해 마치 아는 것처럼 쓰는 일뿐이다. 내 번역이 최상에 가까워지기를 바라며 그의 이야기 속에서 나를 발견하는 일뿐이다. 타인의 마음을 번역하겠다고 시작한 이 인터뷰에서 내가 본 것은 열 개의 거울에 비추어진 나의 번역하는 마음이었다. 이 책이 독자에게도 번역의 시간을 선사했으면 한다. 마음이 있는 한 세상은 온통 번역이다.

2021년 늦가을
서라미

차례

일러두기

1. 수화와 수어, 농인과 농아인이라는 용어의 선택에 관해 다양한 의견이 있지만 이 글에서는 인터뷰이가 수화 또는 농아인이라고 언급했을 때, 해당 용어의 역사성과 대중성을 고려해 수정하지 않고 그대로 실었다.

2. 농인에 대한 정의는 한국수화언어법을 따랐다. 한국수화언어법에서는 농인을 "청각장애를 가진 사람으로서 농문화 속에서 한국수어를 일상어로 사용하는 사람"이라고 정의한다. 반면 국립국어원 표준국어대사전에서는 농인을 "청각에 장애가 있어 소리를 듣지 못하는 사람"이라고만 정의한다. 이 글에서는 후자를 가리킬 때 청각장애인이라고 썼다.

3. 농아인이란 청각 장애와 언어 장애가 모두 있는 사람을 가리키는 말이고, 청인이란 청각 장애가 없는 사람을 농인에 상대하여 가리키는 말이다.

윤남, 수어 통역사의 마음

친구를 기다리는 중이었다. 외자 이름이 말해주듯 딸 많은 집에서 외아들의 바로 위 누나로 태어난 윤남은 그 시절 누구나 그랬듯 그 역시 학교를 졸업한 뒤 그럭저럭 취직해 얼마간 사회생활을 하다 결혼하고 가정을 꾸리게 될 것이라 믿어 의심치 않았다. 특별하지는 않아도, 아니 특별하지 않아서 무난했고 그래서 다른 삶은 생각지 못했던 윤남의 인생에 작은 균열을 만든 건, 친구를 기다리던 도봉산 입구에서 모르는 남자가 건넨 쪽지 한 장이었다.

"저녁 일곱 시에 만나요. 02-○○○-○○○○."

남자가 동전 몇 개와 함께 건넨 쪽지에는 그렇게 적혀 있었다. 이게 뭐지? 누구라도 그렇게 생각할 법했다. 더구나 자신의 입과 귀를 가리키더니 얼른 손사래를 치며 장애인임을 온몸으로 표현하는 남자였으니, 그가 건넨 것이 쪽지가 아니라 다른 무엇이었더라도 당혹스럽기는 마찬가지였을 것이다. 남자가 얼마나 절박하게 공중전화를 가리키든 모른 척할 수도 있었지만 윤남은 그러지 않았다. 그가 가리키는 공중전화로 걸어가 그가 쥐여준 동전을 넣고 쪽지에 적힌 번호를 눌렀다. 몇 번의 신호음 끝에 수화기 너머에서 목소리가 들렸다.

"여보세요?"

"저녁 일곱 시에 만나요!"

윤남은 수화기 너머 목소리의 주인이 누구인지, 옆에 있는 이 남자는 누구인지, 왜 자신에게 이런 걸 건넸는지 묻지 않았다. 그저 적힌 대로 읽었다. 수화기 너머 목소리의 주인 역시 아무것도 묻지 않은 채 같은 말만 했다.

"감사합니다! 정말 감사합니다!"

쪽지를 건넨 남자도 수화기 너머 목소리의 주인도 이런 상황이 처음은 아닌 것 같았지만 번번이 일어나는 일도 아닌 모양이었다. 그날의 기억이 윤남의 머릿속에서 떠나지 않았다.

인생을 바꾼 쪽지 한 장

"소름이죠, 지금 생각하면.(웃음) 그 쪽지 한 장이 제 인생을 이렇게 완전히 바꿀 거라고는 생각도 못 했습니다. 앞에 나와서 이야기를 하거나 나서서 남을 위해 뭔가 하는 걸 잘 못하는 성격이었습니다. 그분이 제게 쪽지를 건네지 않았다면 지금 같은 삶을 살지 않았을 거예요."

쪽지 한 장에 인생이 바뀌다니 흔한 일은 아니다. 나라면 어땠을까. 행여 남자가 건넨 쪽지를 뿌리치지 않고 전화를 걸어주었다 해도 그 일이 내 미래까지 바꿀 수 있었을까. 청각장애인이 건넨 쪽지 한 장이 윤남의 삶에 이토록 큰 영향을 미친 이유는 무엇일까. 윤남은 잠시 생각에 잠기더니 입을 열었다. 자신도 모르겠다고. 그 쪽지가 왜 잊히지 않는지 알 수 없었고, 지금도 궁금하기는 마찬가지라고. 다만 그때부터 지금까지 이어져오는 마음이 있다면 그 사람에 대한 궁금함이라고 했다. 사람에 대한 궁금함. 우리는 그것을 관심이라고 부른다.

"한 번도 그런 분을 만나본 적이 없었어요. 그때까지만 해도 장애인이라고 하면 '벙어리 삼룡이'가 전부였고, 텔레비전이든 어디에서든 장애인을 본 적이 없었거든요. 저 사람은 어떻게 저렇게 살아왔지? 귀가 안 들리는 거잖아. 어떻게 저렇게 살 수 있었지? 경험해보지 못한 무언가를 난생처음 알게 된 충격이 컸어요. '나와 같지만 다르구나'라는. 내 주변에서는 전혀 볼 수 없었던. 궁금하다, 알고 싶다는 마음이 굉장히 강하게 들어왔어요. 계속 저를 끌어당기는 힘이 있었다고 해야 하나요?"

윤남은 당시 수유동에 있었던 서울가톨릭농아선교회를 찾아갔다. 3개월 과정인 수업의 3분의 2가 진행된 시점이라 다음 달에 다시 오라는 말을 들었지만, 막무가내로 수업을 듣겠다고 했다. 그로부터 얼마 뒤, 함께 공부를 시작한 청인 친구와도 수어로 대화를 나눌 만큼 윤남은 수어에 빠져들었다.

"언니가 잠깐 아픈 적이 있었는데 언니 간호를 하면서 농아인을 만났어요. 그 과정에서 가톨릭농아선교회가 제게 굉장한 마음의 치유를 줬고요. 그분들이 제게 순수하게 와닿은 느낌이 들었어요. 농아인의 언어는 한국어처럼 에두르는 것 없이 직설적이라 상처받을 때도 있지만, 제가 만난 사람 중에서는 굉장히 순수했던 것 같아요. 이분들에게 애정이 갔고 만날수록 궁금했고 알고 싶다 보니 친구가 됐고 그러다 자연히 수화가 늘었고 지금까지 오게 됐죠."

들리는 언어와 그려지는 언어

나는 말로 생각을 충분히 표현했다고 느낀 적이 거의 없다. 아무리 노력해도 실제 생각과 입에서 나온 말 사이에는 얼마 간의 틈이 있었고, 그 틈이 늘 꺼림칙했다. 그래서 오래 고민할 수 있고 틀리면 고칠 수도 있는 글을 선호했다. 글도 너무 단단하거나 무거울 때가 있기는 했지만 말보다는 나았다. 그래서였을까. 수어를 직설적이라고 표현한 윤남의 말이 귀에 꽂혔다. 인터뷰 전 자료 조사를 위해 농문화와 수어에 관한 책을 읽다 보면 어느새 인터뷰는 잊고 책의 재미에 빠져들고는 했는데, 그때의 재미란 언어적 호기심에서 오는 것이었다. 『목소리를 보았네』에서 올리버 색스는 말로 하는 언어가 1차원이라면 글은 2차원, 그림은 3차원이고 시간과 공간을 모두 사용하는 수어는 4차원의 언어라고 했다. 내가 언어에 관심을 두는 이유는 완전한 언어를 만나지 못했기 때문일지 모른다는 생각을 했다.

"한국어를 할 때는 저 사람이 왜 저렇게 말하지? 저 말 속에 뭐가

윤남.

숨어 있지? 두려움이랄지 조심스러운 면이 있어요. 이 단어를 쓰면 저 사람은 어떻게 생각할까? 인터뷰를 잘 안 하는 이유 중 하나가 그거예요. 하지만 농아인들은 이런 긴장을 다 해제시켜요. 수화를 보면 그림이 그려져요. 한 편의 영화처럼 다가오죠. 한국어에서는 그런 게 다 배제가 돼요. 그림으로 와닿는 게 아니라 그냥 언어로서만 들어오죠. 예를 들어 농아인을 만나면 (눈썹을 한껏 올려 보이며) 음? 이렇게 표정 하나만으로 소통이 돼요. 청인과 이야기할 때는 그런 자유로움이 없어지기 때문에 답답함을 느끼기도 합니다. 굉장히 미묘해요."

긴장을 해제하는 언어라니. 생각을 곧바로, 심지어 온전히 표현할 수 있다면 얼마나 홀가분할까. 말의 한계를 나보다 훨씬 오래전부터 깊이 느껴온 사람이 있다는 사실이 위안이 됐다. 농인 사진작가 사이토 하루미치는 『서로 다른 기념일』에서 말로 인한 고독이 있다고 썼다. 식어버린 말만 먹다 보면 몸도 마음도 추워진다고. 그래서 그는 눈 깜박임, 시선, 체온처럼 의미 없어 보이는 것도 상대방이 자신에게 보내는 목소리라고 받아들이며 사진을 찍는다고 했다. 농인 부모에게서 청인으로 나고 자란 이길보라 감독은 『반짝이는 박수소리』에서 수어를 알면 굳이 말하지 않아도 눈썹의 미세한 움직임 하나로 말을 이해하고 이해받을 수 있다고 썼다. 그들에게 들리는 언어는 당연하지 않았다.

그려지는 언어란 어떤 것일까. 윤남은 말과 수어를 동시

에 해 보였다. "개구리가 폴짝폴짝 뛰어서"라고 말하며 오른손 검지와 중지 끝으로 왼팔을 콩콩 짚어 내려오더니, "연못에 풍덩 빠졌어요"라고 말하며 오른손 검지와 중지를 공중으로 높이 올렸다가 포물선을 그리며 내렸다. 손가락 끝에서 콩콩 소리가 들리고, 풍덩 소리가 포물선을 그리며 작아졌다. 그림이 소리가 됐다가 다시 그림이 되는 감각. 나는 공감각을 글로 배웠다는 사실을 그제야 깨달았다. "이것은 소리 없는 아우성"이 전부가 아니었다. 몇 초 사이에 눈앞에서 손가락 인형극이 펼쳐졌다 사라졌다. 메시지의 덩어리가 단번에 가슴으로 들어왔다.

퍼포먼스. 윤남을 처음 봤을 때 떠올린 단어도 그거였다. 코로나 2차 대유행을 눈앞에 두었을 무렵, 여느 때와 마찬가지로 정부의 방역 브리핑 화면 한쪽에 수어 통역사가 등장했다. 그날의 수어는 유독 시선을 사로잡았다. 그의 손짓 중 무엇이 코로나를 뜻하고 무엇이 확진자를 뜻하는지 알 수 없었으니, 그것이 내게 음성언어나 문자언어와 같은 기능을 할 수는 없었다. 그저 균형 잡히고 완성도 높은 퍼포먼스처럼 보였고, 바라보기에 충분했다. 무엇보다 눈을 뗄 수 없었던 것은 표정이었다. 카메라 옆에서 그의 수어를 지켜보는 농인이 있지 않고서야 저렇게 생생한 표정이 나올 수 있을까. 카메라 프레임 안에는 농인이 잡히지 않았으므로 나는 자연스레 그가 나를 보고 있다고 생각했다. 그가 윤남이었다.

"사람들이 미쳤다는 말을 쓰잖아요. 왜 저렇게 말할까 싶었어요. 알고 보니 미쳤다는 말은 나쁜 말이 아니더라고요. 많은 수화 통역사들이 저에게 너는 농아인에게 미친 것 같다고 해요. 저는 청인보다 농아인과 대화하는 걸 너무 좋아해요. 너무 재미있어요. 이 사람들의 표현법, 세밀하게 이야기해주는 수화 체계가요. 그게 하나의 시가 될 수도 있거든요. 어떻게 저렇게 표현할 수 있을까 궁금해요. 그렇게 보면 저는 농아인에게 미친 게 맞죠. 그런 게 내 표정과 손짓을 형성한 게 아닌가 싶어요."

농인에게 미친 윤남이 내게 농인 래퍼를 아느냐고 물었다. 농인 래퍼라니. 찾아보니 정말로 있었다. 일명 '핸디 래퍼'라 불리는 김지연이 〈손만 잡고 잘게〉라는 노래를 커버한 영상은 놀라웠다. 안무를 짠대도 저렇게 꼭 들어맞게 짤 수가 있을까. 캐릭터에 따라 시시때때로 바뀌는 표정과 천연덕스러운 연기, 짓궂은 분장은 또 어떻고. 어릴 때부터 춤을 좋아해 대학에서 무용을 전공한 김지연은 청인 중심의 커리큘럼에 좌절한 뒤 농인이 즐길 수 있는 문화 콘텐츠를 만들기 시작했다고 했다. 김지연은 골목을 누비며 이렇게 랩을 한다. "그래, 난 즐길 줄 아는 사람이야. 근데 그걸 왜 나 혼자만 해, 왜 아무도 안 보여. 나처럼 즐길 줄 아는 친구가 많은데 왜 안 나와. 숨지 말고 나와. 나랑 미친 듯이 놀자!" 또 한 명의 미친 사람이 거기에 있었다.

"음악 경연 프로그램에서 유희열 씨가 말했잖아요. 스타가 필요하다고. 스타가 나오면 생태계를 변화시킬 수 있다고. 그 말에 제가 꽂혔어요. 농아인들 사이에서도 스타가 나와야겠다. 농인 래퍼가 스타가 되든 아니면 누구라도 스타가 나와야겠고, 그러려면 역시 교육이 중요하다. 스타가 나와야 농아인도 이런 걸 할 수 있구나, 농아인도 교육을 충분히 받으면 할 수 있다고 생각하겠구나."

개입하는 통역사

인터뷰를 준비하며 놀란 것 중 하나는 수어를 모르는 청각장애인이 생각보다 많다는 사실이었다. 농학교에서도 수어를 가르치지 않는다고 했다. 그곳에서 쓰는 언어는 구화다. 상대방의 입술을 읽는 구화는 청각장애인을 청각장애인처럼 보이지 않게 하는 언어다. 아무리 입술을 잘 읽는다고 해도 소리를 듣지 못하는 청각장애인은 청인처럼 발음하기 어려우므로 구화를 쓰는 동안 자신이 불완전한 청인임을 끊임없이 확인하게 된다. 반면 수어는 생각의 세세한 부분까지 남김없이 표현할 수 있게 하는 농인의 언어다. 이렇게 보면 청각장애인이 수어를 쓰는 일이 당연해 보이지만, 현실은 달랐다. 청각장애인에게 구화와 수어 중 무엇을 가르쳐야 하는가에 관한 논쟁은 오랫동안 이어져왔다.

하지만 어떤 청각장애인이 피부로 느끼는 현실은, 구화와 수어 중 무엇을 배울 것인가가 아닐 때도 있다. 언어를 배울 수 있는 여건에 놓여 있는가부터 물어야 하는 이들. 다양성과 인권이 화두인 시대에 청각장애인이라는 이유로 부모에게조차 존재를 인정받지 못한 이들. 윤현주가 그랬다. 청인 부모 밑에서 오빠와 함께 청각장애인 남매로 태어났지만, 오빠가 경험한 각종 교육을 딸이었던 윤현주는 받지 못했다. 집에서도 학교에서도 직장에서도 고립된 채 살았다. 결혼 후 낳은 청인 아들이 말을 하는 대신 엄마처럼 괴성을 지른다는 어린이집 선생님의 말을 듣고 윤현주는 울면서 윤남을 찾아왔다.

"상처를 많이 받았더라고요. 이 친구는 농아인 사회에서도 수화를 잘 구사하는 편이 아니었고, 청인 사회에서도 발음이 좋지 않아서 대화가 잘되지 않았어요. 소통도 소통이지만 이건 사람의 인생에 관한 문제라고 생각했어요. 내 생각에 청각장애인은 수화를 써야 한다, 발음은 청인의 영역이다, 아무리 똑같이 따라 한다고 해도 못 한다, 나는 수화 통역사이지만 수화를 농아인과 똑같이는 못 한다, 그 개념을 이 친구에게 이야기해줬죠."

윤남과 윤현주의 인연은 그렇게 시작됐다. 신문에서 본 내용을 수어로 말하게 하고, 농인과 접촉할 기회를 마련해주었다. 그렇게 수어를 자주 접하자 윤현주의 수어 실력도 늘었다. 윤현주가 둘째 아이를 임신했을 때는 태교 일기를 쓰게 했다. 경험에서 우러나온 글을 쓰면 글쓰기가 쉽게 늘 것이라는 생각에서였다. 윤현주가 일기를 써 오면 윤남이 교정해주는 방식으로 1년에 걸쳐 쓴 태교 일기가 일곱 권이었다. 그렇게 윤현주의 글쓰기가 어느 정도 자리를 잡아갈 무렵, 윤남은 윤현주에게 사이버대학교에서 사회복지학을 공부할 것을 권했다. 그 뒤의 삶은 KBS 1TV 〈강연 100℃〉 '소리의 모습' 편에 소개된 것과 같다. 윤현주는 이후 스물한 개의 자격증을 땄고, 윤남과 함께 수어통번역학과 대학원에 진학해 석사 과정을 마쳤으며, 지금은 성북구수어통역센터장이 됐다. 세상과 고립된 채 누구와도 소통하지 못했던 그가 수어통역센터의 책임자로 성장하는 과정에서 빼놓을 수 없는 것은 교육, 그리고 윤남이라는 조력자가 아닐까.

"누가 저에게 당신은 통역사가 아니라 사회복지사라고 해도 좋고, 당신은 통역사이면서 사회복지사라고 해도 저는 좋아요. 한 가정의, 한 여성의 인생을 달라지게 했고, 그 여성의 인생이 달라진 덕분에 그 자녀들의 인생도 달라졌으니까요. 자칫 위험에 빠질 뻔했던 가정이 정말 좋은 사례로 바뀌었으니까요. 이 사례가 저에게만이 아니라 농아인에게도 귀감이 될 거라고 생각해요. 이 친구는 저에게 감사하다고 하지만, 아무리 가르쳐주고 싶어도 하려는 사람의 의지가 없으면 못 하는 거잖아요. 네가 정말 노력해서 이제 많은 농아인이 자기 이야기를 편안하게 할 수 있게 됐다, 너무 잘됐다, 그렇게 이야기해요. 좋은 사례가 된 거죠."

수어 통역사의 마음

윤남,

수어 통역사라고 할 때, 그 안에는 농인을 위해 희생하고 헌신하는 사람이라는 이미지가 담겨 있다. 봉사 정신 또는 소명 의식을 바탕으로 농인의 입과 귀, 때로는 손과 발도 되어주는 사람. 만약 법정에서 증인의 말을 옮기는 통역사가 증인에게 감정 이입을 해 그를 도우려 한다면 어떨까? 소설 번역가가 등장인물에 감정 이입을 해 이야기 흐름에 개입하려 한다면? 섞이거나 동화되지 않고 선을 지키는 것, 거울처럼 말을 비추기만 해야 하는 것이 말을 옮기는 사람의 숙명이 아니던가. 그렇다면 수어 통역사는 어떤 역할을 해야 할까.

　　윤남에게 당신은 어떤 역할을 하느냐고 물으면 기꺼이 "전부"라고 답할 것 같았다. 지금의 수어 문화에서는 통역만 떼어서 볼 수 없다며, 윤남은 전에 만났던 노인에 관해 들려주었다. 보건소에서 수혈을 받은 청각장애인 노인이 느닷없이 암 전문 병원으로 옮겨지게 됐다. 이상하다고 생각한 윤남이 이것저것 물으니 노인은 배가 아프다고 했고, 대학병원 응급실을 방문한 끝에 큰 병이 아닌 것으로 드러났다. 수어 통역사가 그저 말만 옮기는 사람이었다면 노인은 애꿎은 투병 생활을 하느라 있던 건강마저 잃었을지 모른다. 통번역사는 공감하되 개입하지 않아야 한다는 말을 기계적으로 적용할 수 있을까. 화자와 청자의 정중앙이 아니라 처음부터 끝까지 청자의 편에 서서 해야 하는 통역도 있다.

　　"제가 그런 말을 한 적이 있어요. 수화 통역을 행정 수화 통역과 상담 수화 통역과 전문 수화 통역으로 세분화해야 할 것 같다고. 한 사람이 다 하기에는 너무 힘들고 그렇다고 개입을 안 할 수는 없으니까요. 개입을 하려면 다가설 수밖에 없기 때문에 선이라는 것은 지키지 못해요. 가장 아픈 곳까지 듣고 같이 울어버리는 상황이 되니까요. 사회복지사분들도 그 나름의 선을 갖고 일하시더라고요. 수화 통역사라는 직업에 대해서는 아직 정리가 되지 않았기 때문에 지금이라도 정리를 하고자 한다면, 세부적인 영역을 나눠야 하지 않을까라는 생각은 합니다. 하지만 지금도 많은 수화 통역사가 저처럼 포괄적으로 임하고 있습니다."

함께 웃어요

윤남은 9년째 학전블루 소극장에서 〈슈퍼맨처럼〉이라는 연극을 통역하고 있다. 〈삼시세끼〉, 〈아는 형님〉, 〈독립만세〉 같은 예능 프로그램도 통역하고 있으며, 한국 영화에 수어와 자막을 제공하는 것을 의무화하는 법 개정안 발표 기자회견을 수어로 옮기기도 했다.

"농아인은 청인 자녀와 연극을 관람하면서 함께 웃지 못해요. 너무 슬픈 일이잖아요. 아이는 웃는데 엄마는 웃지 못하는. 또는 아이는 농아인이라 못 알아듣는데 어떻게든 다른 아이들과 친하게 만들어주고 싶어서 연극을 보게 하는 경우도 있고요. 장애인은 장애인끼리, 우리는 우리끼리가 아니라 함께 웃을 수 있는 공간이면 좋겠어요. 제가 통역을 할 때, 농아인 엄마가 자녀와 함께 와서 연극을 보며 같이 웃는 모습을 보고 너무나 기뻤습니다. 이런 기회가 많아지면 좋겠어요. 특정 시간대에 특정 공간에서만이 아니라 농아인도 다른 사람들처럼 원하는 시간과 장소를 골라서 자유롭게 볼 수 있으면 좋겠어요."

외국어를 옮길 때 가장 어려운 것이 웃음이 아니던가. 웃음은 본능적으로 터져 나오지만 웃음의 원리는 단순하지 않다. 그 나라의 문화를 그 나라 사람과 똑같이 느끼지 않으면 결코 같은 지점, 같은 타이밍에서 웃을 수 없다. 영화 〈기생충〉의 칸 영화제 상영 당시 현장에 있었던 한 영화평론가는 "영화가 한국의 상황인데도 웃어야 하는 포인트에서 외국 관객이 다 웃었다"라고 전했다. 번역의 힘이다. 수어 통역이라고 다를 리 없다.

"〈삼시세끼 산촌 편〉을 통역했는데, 그렇게 쉬운 통역은 처음 해 봤어요. "음, 맛있어" 하면 끝이었거든요.(웃음) 감독님에게 이건 하루에 백 편도 할 수 있을 것 같다고 했어요. 그런데 〈아는 형님〉은 언어유희가 너무나도 힘들었어요. 예를 들어 '내 말이 그 말이야'라고 해서 입으로 하는 말로 통역을 했는데, 조금 지나서 그 말이 타는 말로 바뀌는 거예요. 그러면 앞에 입으로 하는 말로 통역한 건 틀린 게 되거든요. 〈아는 형님〉은 그런 식의 언어유

수어 통역사의 마음

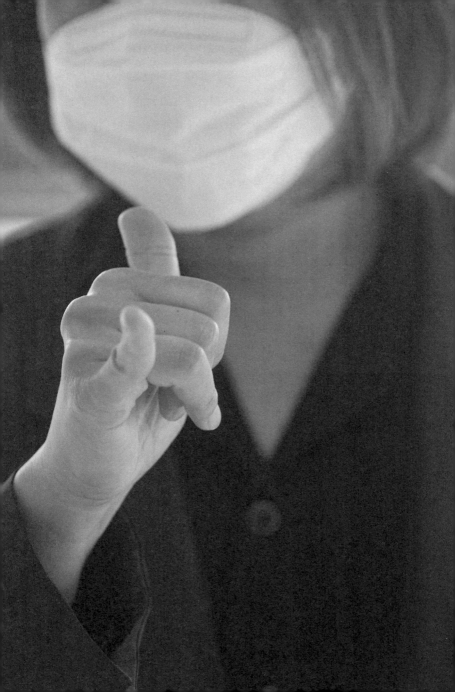

희가 너무 많아서 굉장히 힘들었어요. 이렇게도 해보고 저렇게도 해보는데, 어떻게 하는 게 제일 좋은지 여전히 고민을 많이 하는 장르가 예능이에요. 왜 저런 말투로 저렇게 말했는지 느낌까지 통역해야 하니까요. 그런데 제가 통역한 걸 보신 분들은 "너, 정말 많이 웃더라" 그러세요. 하다 보면 너무 재미있어서 안 웃을 수가 없어요. 통역할 때는 내가 이수근이라고 생각하고 통역을 하죠."

연극이나 예능 프로그램에서 수어 통역사를 본 적이 있던가. 기억이 나지 않았다. 수어 통역사는 웃음을 옮기기 위해 이렇게 노력하는데 나는 본 기억이 없다는 게 이상했다. 이유가 있었다. 방송통신위원회 지침상 지상파 방송의 수어 통역 비중은 5퍼센트를 유지해야 하지만 실제 비율은 그보다 훨씬 낮은 데다 그마저 대부분 새벽에 방송되기 때문이다. 전에 본 기사가 떠올랐다. 화면 속 작은 원 안에만 머물렀던 수어 통역사들이 코로나 이후 당국자와 나란히 서자, 집중에 방해가 된다며 자막을 넣으면 되지 않느냐는 항의가 있었다는 기사였다. 방해받지 않고 집중할 권리와 의미를 전달받을 권리 중 더 근본적인 것은 무엇일까. 방송통신위원회에서는 수어 화면의 크기를 전체 TV 화면의 16분의 1 이상으로 권장하고 있다. 16분의 1은 6.25퍼센트다. 10퍼센트에도 훨씬 못 미치는 작은 면적을 공유하는 일에 우리는 왜 이렇게 인색할까.

"너무 화가 나죠. 농아인은 올빼미인가요? 농아인 어린이는 좋아하는 방송을 보려면 밤늦게 자야 하나요? 농아인도 시청자입니다. 농아인도 당당하게 세금을 내는 국민인데 차별해서는 안 되죠. 다수에게 필요하지 않다는 이유로 소수의 시청권과 알 권리를 박탈하는 거예요. 어제(4월 20일)가 마침 장애인의 날이었잖아요. 수화 통역사에게도 인터뷰 요청이 많이 들어왔는데, 막상 농아인을 인터뷰하는 기사는 없어요. 차별 철폐라는 건 그런 게 아니라 일상 곳곳에서 같이 사는 사람으로 함께 살아갈 방법을 마련하는 게 아닐까 생각해요. '너는 장애인이라 특별해'가 아니라 개개인을 모두 특별한 존재로 여기는 거죠."

변하라고 외치는 일은 고되다. 웬만해서는 변하지 않는 세상을 향한 외침이라면 더욱. 윤남을 여전히 외치게 하는 힘은 무엇일까. 무엇이 그를 여기까지 오게 했을까. 마지막 질문을 던졌다. 윤남이 이 인터뷰를 통해 만나고 싶은 사람은 누구였을까.

"관계를 맺는다는 건 그 사람을 알고 싶다는 거고, 알고 싶다는 건 대화를 하고 싶다는 거죠. 농아인과 대화하려고 할 때 그 수단이 수화인 것이고요. 수화 통역사가 되고 싶은 사람이라면, 먼저 농아인을 궁금해하고 농아인과 대화하고 싶고 그래서 그 수단인 수화에 관심을 가지면 좋겠다는 생각을 해요. 관계 맺기죠. 또는 친구 되기. 단순히 텔레비전에 나오는, 멋져 보이는 수화 통역사가 되고 싶은 게 아니라요. 그건 농아인을 배제하고 수화 통역사만 보는 것이거든요. 주체가 없고 객체만 보는 거죠. 수화 통역을 왜 하는지 생각해보면서 관심을 통역사가 아니라 농아인에 두면 좋겠다는 바람이 있어요. 그래서 나와 같은 사람들, 나보다 훌륭하게 수화를 사용하는 사람들, 사용할 사람들을 많이 만나고 싶어요."

　윤남은 농인을 배제한 수어는 진정한 수어가 아니라고 했다. 농인이 수어이며, 수어가 곧 농인이라는 말도 덧붙였다. 언어가 수단을 넘어 존재 자체가 될 수 있을까. 윤남의 말을 이해하기 위해 거꾸로 생각해보기로 했다. 언어가 없는 삶은 어떨까.

　올리버 색스가 만난 청각장애인 소년 조지프는 11세가 될 때까지 수어를 몰랐다. 언어를 모른 채 몸짓과 그림으로만 생각을 표현하던 그에게 삶이란 오직 현재 시제만 존재하는 납작한 것이었다. 살아온 역사를 기억할 수 없고, 오지 않은 시간을 계획할 수 없으며, 곰곰이 생각하는 일이나 이리저리 궁리하는 일, 추상적인 가능성이나 비유에 관해서도 무지했다. 현재에 갇혀 있던 조지프의 삶에 깊이와 넓이를 준 것은 언어였다. 조지프는 수어를 배운 뒤 비로소 시간이라는 개념을 인식했고 이상과 상상, 상징과 비유에 눈떴다. 조지프는 이렇게 말했다. 언어는 그저 많은 기능 중의 하나가 아니라 모든 면에 배어 있는 개인의 특징이라서 사람은 말의 유기체가

된다고. 사람이 말의 유기체라면, 말을 이해하는 일은 사람을 이해하는 일이다. 다시 윤남의 말을 생각했다. 농인이 수어이며 수어가 곧 농인이다. 수어가 농인이라면, 수어를 공유하는 일은 농인을 알아가는 일이다.

인터뷰 초반에 사진 촬영을 했다. 사진작가는 해가 잘 드는 창가로 윤남을 안내한 뒤 수어로 말하는 모습을 보여달라고 했다. 어떤 말을 할까요? 지금 떠오르는 생각을 편하게 보여주시면 됩니다. 윤남이 천천히 손을 움직였다. 인터뷰, 대화, 사람. 그러고는 두 손으로 각각 오케이 표시를 만든 다음, 고리처럼 연결했다. 그 상태로 몇 번이고 흔들어 보였다. 유독 그 손짓에 오래 머물렀다. 뜻을 물었다. 관계라고 했다. 서로 얽힌 두 손이 함께 흔들리는 것.

인터뷰가 끝날 즈음 윤남은 다시 관계를 말했다. 마지막 질문에 대한 대답으로 예쁜 말을 찾고 싶어 오래 고민했다는 말도 덧붙였다. 농인을 향한 모든 정책과 지원과 행위들은 관계에서 시작해야만 한다고, 수어 통역사는 천사가 아니라고, 다만 소리를 듣지 못하는 사람을 진심으로 궁금해하는 사람일 뿐이라고. 사람에 대한 궁금증. 모든 일의 시작은 마땅히 그것이어야 하지 않을까.

강선우, 미얀마어 통번역사의 마음

모르는 것을 모른다고 말할 줄 아는 사람은 의외로 많지 않다. 강선우(미얀마 이름 웨 노에 흐닌 쏘)는 통역에 필요한 자질 중 하나로 모르는 것은 모른다고 말하는 솔직함을 꼽았다. "그건 지금 대답할 수 있는 문제가 아니에요"라고 말하던 심지 굳은 목소리가 가끔 생각날 때가 있다. 다른 답변들이 훌륭해서였을 것이다. 그는 어떤 질문에도 막힘없이 대답하는 사람이었다. 능변이란 평소 자신의 생각을 차곡차곡 정리해온 사람에게만 붙일 수 있는 말이 아닐까 하고 그를 보며 생각했다. 그가 답변을 거절한 내 질문은 "직접 조직하신 '행동하는 미얀마 청년연대'의 앞으로의 계획은 무엇인가요?"였다.

강선우를 소개하기 전에 우리가 만난 날에 대해 먼저 이야기하고 싶다. 2021년 5월 19일. 그날은 35년 전 그가 태어난 요일이자, 미얀마 군부가 쿠데타를 일으킨 지 108일째 되는 날이자, 마흔한 번째 5·18 민주화운동기념일 다음 날이자, 한국의 석가탄신일이자, 미얀마의 석가탄신일과 그의 두 번째 결혼기념일을 6일 남겨둔 날이자, 그의 첫 출산 예정일이 얼마 남지 않은 날이었다. 이념과 신앙, 기쁨과 고통, 과거와 현재가 씨실과 날실처럼 교차하던 수요일 느지막한 아침에 그를 만났다.

국가란 무엇인가 생각하게 돼요

비극의 서막을 알린 것은 체조로 아침을 열던 유튜버였다. 형

광색 운동복에 다소 우스꽝스러운 음악을 배경으로 미얀마 의회 앞에서 체조하던 여성. 그 뒤로 검은색 장갑차와 수송차, 세단이 줄지어 달리는 모습이 카메라에 잡혔다. 매일 아침 같은 장소에서 몸과 마음을 단련해온 성실함이 목도한 것은 미라클이 아니라, 이제 막 사냥을 시작한 포획자의 첫걸음이었다. 자신의 뒤에서 어떤 일이 벌어지는지 알지 못한 채 덤덤하게 체조에 집중하는 여성의 모습은 당시 미얀마 국민이 처한 상황을 고스란히 보여주었다. 2021년 2월 1일, 미얀마 군부는 총선 결과에 불복하며 쿠데타를 일으켰다.

군부는 시위대를 진압하기 위해 실탄을 쏘고, 민가를 급습해 주민을 납치한 뒤 어른 아이 할 것 없이 무차별 폭행을 자행해 3개월간 약 800명이 넘는 시민을 사망에 이르게 했다. 시위 지도자들을 체포해 구타한 뒤 체포 전후 비교 사진을 공개하거나, 반정부 인사를 고문한 뒤 끔찍한 모습의 주검으로 돌려보내 공포심을 조장하는 일도 서슴지 않았다. 공항과 철도, 도로가 폐쇄되고 군부에 저항하는 공무원의 파업이 이어지면서 도시가 마비됐다. 코로나 상황이 극심하게 안 좋지만 백신 공급은커녕 방역조차 제대로 이루어지지 못하는 상황이다. 쿠데타 발생 후 약 100일 동안 지방은 인터넷마저 차단되어 가족의 안부를 확인하는 일조차 쉽지 않았다고 강선우는 말했다. 아세안 특별정상회의 후 인터넷 연결에 약간 숨통이 트인 덕분에 지금은 가족들과 연락을 주고받지만, 피신 상태로 시민 불복종 운동을 이어가고 있는 공무원 언니의 안부를 생각하면 걱정스럽기는 마찬가지다.

"언니가 사는 마을에도 군부의 끄나풀이 있다는 소문이 들려서 언니는 다른 마을로 옮겨서 시민 불복종 운동을 계속하고 있어요. 하루하루가 힘들어요. 쿠데타가 일어난 지 3개월이 지났는데 아직 해답이 없어서 마음 편할 날이 없어요. 사태는 이미 내전으로 번졌고, 짧게는 3년 길게는 6년간 이어질 것이라고 보는 사람도 있어요."

쿠데타가 발생한 2월에 강선우는 임신 5개월 차였다. 배 속 아기의 건강과 태교가 걱정됐지만 아이에게 군부 통치의 조국을 물려줄 수는 없는 노릇이었다. 한국에서 할 수 있는 일을 찾았다. 강선우가 다른 공동대표 네 명과 함께 '행동하는 미얀마 청년연대'를 결성한 것은 쿠데타가 발생한 지 이틀 만이었다. 한국에 연수를 온 미얀마 공무원을 위해 자료를 번역했던 그는 이제 고통받는 미얀마 현지 상황을 한국어로 옮기느라 여념이 없다. 미얀마 유학생의 한국 생활을 소개하던 그의 유튜브 채널은 어느새 반쿠데타 시위 소식을 전하는 영상으로 가득 찼고, 그의 일상은 미얀마의 진실을 듣고자 하는 각종 언론과의 인터뷰로 채워졌다.

"쿠데타가 일어난 뒤로 거의 쉬지 못했어요. 행동하는 미얀마 청년 연대라는 이름으로 한국에 사는 미얀마인들과 함께 군부 쿠데타 반대 기자회견을 했고, 주말마다 피켓 시위와 거리 행진을 하고 있어요. 얼마 전에는 미얀마 군부 기업에 사업을 배당한 포스코에 항의하는 의미로 포스코 서울 사옥까지 행진하고 집회를 했어요. 미얀마 쿠데타 희생자 추모 행사를 비롯해서 조계종 스님들과 함께 오체투지도 하고 언론 인터뷰, 기고문을 통해서 미얀마 상황을 알리려고 노력 중이에요."

강선우의 말에는 막힘이 없었다. 한국어 수준이 상당하다는 사실은 알고 있었지만 그가 고르는 단어, 대답하는 속도, 아는 것과 모르는 것, 말할 수 있는 것과 없는 것을 정확하고 정중하게 표현하는 말투에서 힘이 느껴졌다. 그의 뒤로 보이는 책장과 비슷하다고 생각했다. 거실 한쪽을 가득 채운 책장에는 『총 균 쇠』, 『김수영 평전』 같은 대중서를 비롯해 인문, 철학, 사회 분야의 학술서가 빼곡히 채워져 있었다. 스티븐 킹의 『유혹하는 글쓰기』도 눈에 띄었다.

전에 살던 집 책장이 떠올랐다. 결혼 후, 각자의 세간살이를 하나로 합치면서 남편과 내가 가장 먼저 한 일은 책장 정리였다. 내가 갖고 있던 책과 남편이 갖고 있던 책을 합치니 겹치는 책이 꽤 많았다. 두 권씩 꽂아둘 공간은 없었으므로 손때가 많이 묻은 책은 남기고 깨끗한 책을 골라내 헌책방에 팔았다. 그 돈으로 수제비를 한 그릇씩 먹고 집으로 돌아오는 것이 그 시절 우리의 주말 일과였다. 만약 강선우와 내가 썩 넓지 않은 집에 함께 살게 된다면, 손때 묻은 정도를 살

펴가며 남길 책과 처분할 책을 고르는 작업을 꽤 오래 하게
될 것이 분명했다.

평소 자주 읽거나 추천하고 싶은 책이 있느냐고 물으니
그가 자리에서 일어나 서재로 갔다. 심지어 서재는 따로 있었
다. 잠시 뒤 강선우가 책 두 권을 들고 돌아왔다. 한 권은 헬렌
니어링의 『아름다운 삶, 사랑 그리고 마무리』였다. 그 책을 바
라보며 강선우는 실천이라는 단어를 자주 말했다. 좋아하는
사상가의 이념을 기억하는 일은 누구나 할 수 있지만 실천에
옮기는 일은 어렵다고. 헬렌과 스콧 니어링 부부처럼 언젠가
남편과 함께 미얀마로 돌아가 산골 마을에 터를 잡고 농사지
으며 살고 싶다고 했다. 그곳에서 환경과 기후 위기를 고민하
고 인간과 자연을 생각하는 인문학 연구 공동체를 만드는 것
이 꿈이라고, 한국의 수유너머와 같은 집단이면 좋겠다고 말
하는 강선우의 눈에 미소가 번졌다.

다른 한 권은 강신주의 책 『철학, 삶을 만나다』였다. 국
가가 들려오면 조건반사적으로 경례를 했던 모습을 떠올리며
'왜 그래야만 했을까'를 생각하게 된 것도, 국가와 관계 맺는
다른 방식이 존재할 수 있다는 사실을 깨달은 것도 그 책을
읽은 뒤였다고 강선우는 말했다.

"이 책에 있는 「국가라는 가장 오래된 신화」라는 글을 얼마나 많
이 읽었는지 몰라요. 한국처럼 어느 정도 민주주의를 이룬 나라
라면 이런 문제를 생각할 필요가 없어요. 하지만 우리나라는 옛

날부터 왜 그렇게 우물 안 개구리처럼 살았을까, 그 오랜 기간 우리는 왜 순종적으로 살았을까, 제가 살아온 나라의 상황을 생각하면 이 질문에서 벗어날 수 없어요. 여러 가지 복잡한 문제가 겹치고 반복되면서 피로해지다 보니 차라리 아나키즘이 낫지 않을까, 대체 국가란 무엇인가 생각하게 돼요. 꼭 이번 사태 때문만이 아니라 전부터 국가라는 존재에 대해서 늘 생각했어요."

땅에 뿌리박은 소박한 삶을 살고자 했던 강선우의 꿈은 미얀마 군부 쿠데타를 기점으로 송두리째 바뀌었다. 산골 마을에서 공부와 강연을 이어나가는 풀뿌리 민주주의 운동만으로는 부족해졌기 때문이다. 더 직접적인 방식으로 미얀마를 바꾸려는 노력이 필요해졌고, 강선우는 그 해법을 찾고 있었다. 한국에서 정치학을 공부한 뒤 미얀마로 돌아가 정치에 뛰어드는 일에 관해 고민 중이라고 말하는 강선우의 표정은 어두웠다. 오늘이 쿠데타 며칠째인지는 묻지 않아도 말하던 그가, 출산 예정일이 며칠 남았느냐는 질문에는 선뜻 입을 열지 못했다. D-54가 표시된 신생아 디데이 달력을 몇 장 넘긴 뒤에야 멋쩍은 웃음을 지으며 말했다. 이제 51일 남았네요.

시를 사랑하는, 좋은 친구

강선우의 미얀마 이름은 웨 노에 흐닌 쏘. 어머니 '흐닌'과 아버지 '쏘' 사이에서 수요일이라는 뜻의 '웨'에 태어난 아이, 노에라는 뜻이다. 강선우라는 한국 이름을 지어준 사람은 그가 정신적 아버지라 부르는 한국인 스님 진혜다. 스님의 성인 '강'을 성으로 쓰고, '착할 선' 자와 '벗 우' 자를 써서 좋은 친구라는 뜻을 담았다. 그는 웨 노에 흐닌 쏘와 강선우가 똑같이 좋다고 했다. 나는 그를 좋은 친구라는 이름으로 부르기로 했다.

"처음부터 한국어를 좋아했던 건 아니에요.(웃음) 고등학교는 이과 계열을 다녔는데, 성적이 좋지 않아서 문과대학에 진학할 수밖에 없었어요. 중국어과를 갈까 했다가 정원이 꽉 차서 못 가고 결국 한국어과에 진학한 거죠. 진로를 고민하느라 다른 친구들보다 한 달 정도 늦게 들어갔어요. 저는 가나다도 모르는데 다른 친구들은 벌써 한국어로 문장을 말하더라고요. 공부 욕심이 많아서 학과장님께 보충수업을 받으며 울면서 공부했어요. 스트레스가 너무 심해서 이가 빠질 정도로요. 다행히 공부하다 보니 한국어가 정말 재미있었어요. 2005년에 대학교를 졸업하고 양곤에 있는 명상 수련 센터에서 통역을 하게 됐는데, 학교에서 배운 한국어만으로는 실무 통역을 잘하기가 어려웠어요. 마침 센터에서 명상 수련을 공부하던 진혜 스님과 법혜 스님을 만났고, 두 스님께서 한국어와 통역에 대해 많은 것을 가르쳐주셨어요."

미얀마는 불교 국가다. 부처가 깨달음을 얻은 수행법인

위파사나 명상 수련법은 한국에서도 유명해서, 규모가 큰 명상 센터에는 한국에서 건너간 스님과 불자들이 모여든다. 한국어 전문 통역사를 둔 이유도 그 때문이다. 양곤에는 이름난 명상 센터가 많고 강선우도 그중 한 곳에서 통역을 했다.

"미얀마에 있을 때는 비즈니스 통역도 가끔 했지만, 주로 명상 수련 관련 통번역을 많이 했어요. 명상 수련 프로그램 중에 일주일에 두 번, 지도 스님에게 지도를 받는 과정이 있거든요. 면담이라고도 하고, 심리 상담 형식이 될 때도 있는데 스님과 수행자 사이에 통역이 필요해요. 명상 관련 용어가 굉장히 어려웠고 외워야할 것도 많았죠. 스님께서 일일이 손으로 적어서 저에게 가르쳐 주셨어요. 노트 한 권을 마련해서 하루에 열 페이지 분량을 공부했는데, 노트 한 권을 금방 다 썼어요. 공부가 정말 많이 됐어요."

하지만 2007년, 미얀마 군부는 예고 없이 천연가스 가격을 인상했고 이에 반발한 시민들이 저항하기 시작했다. 초기 시위는 시민이 주축을 이루었지만, 승려와 군인 간의 무력 충돌이 발생하자 승려들이 시위를 주도했다. 사프란 혁명이다. 사원에 대한 군부의 탄압이 거세졌고 강선우가 있었던 명상 센터도 피해 가지 못했다. 결국 진혜 스님과 법혜 스님은 한국으로 돌아올 수밖에 없었고 그로부터 2년 뒤, 강선우도 한국에 왔다. 한국 정부 초청 장학생에 선발되어 연세대 국어 국문학과 석사 과정에 입학한 때는 2009년이었다.

강선우,

"미얀마의 교육 시스템은 정말 단조로워요. 예체능이 없고, 문과는 문과 과목만 이과는 이과 과목만 배우니까요. 한국에 와서 좋았던 것 중 하나가 공부할 수 있는 분야가 다양하다는 것이었어요. 대학원에서 공부하는 국문학도 재미있었지만, 미얀마에서는 접할 수 없었던 인문, 사회, 철학 분야의 책을 마음껏 읽고 공부할 수 있어서 정말 좋았어요."

강선우를 설명하는 많은 단어 중 내가 가장 앞에 두고 싶은 말은 한국어 애호가다. 강선우는 통번역 일이 없을 때도 좋아하는 한국어 책을 읽고, 그 책에 쓰인 한국어 단어를 미얀마어로 정리하며 시간을 보낸다고 했다. 과연 강선우의 번역 노트에는 동글동글한 글씨체로 적힌 한국어와 미얀마어가 빼곡했다. 그가 쓴 포스트잇 메모 중 하나가 눈에 들어왔다. 애달프다, 애잔하다, 서럽다, 섭섭하다, 서운하다, 쓰라리다, 측은지심 같은 단어를 미얀마어로 옮긴 메모였다. 메모를 보자마자 떠오른 단어가 있었다. 슈프라흐게퓔(Sprachgefühl). 언어에 대한 감각이라고 풀이되는 독일어로, 『매일, 단어를 만들고 있습니다』의 저자 코리 스탬퍼는 슈프라흐게퓔을 단어마다 미묘한 용법 차이가 있다는 걸 알려주는 머릿속 기묘한 윙윙거림이라고 설명한다. 애달프다와 애잔하다, 섭섭하다와 서운하다를 구별하는 강선우는 슈프라흐게퓔을 갖고 있는 게 분명했다.

미세한 감정까지 세밀하게 표현하는 한국어 형용사를

사랑하는 강선우가 시를 좋아하는 것은 당연해 보였다. 시에 쓰인 정교한 표현의 의미를 찾고 이해하는 일이 그에게는 쉼이자 놀이였다. 좋아하는 한국 시인을 물으니 김수영의 「어느 날 고궁을 나오면서」를 보여줬다. 올해가 김수영 시인 탄생 100주년이라는 사실과 내가 사는 동네에 누군가 김수영 시인의 초상화를 벽화로 그렸다는 이야기를 들려주니 강선우는 환하게 웃었다. 그의 시가 어딘지 김수영의 시를 닮았다고 생각했다. 우리를 만나게 한 것도 그가 쓴 시였다는 사실이 떠올랐다.

　　　차창 밖이 부럽다

미얀마 군부 쿠데타 오늘로 15일째
보름 내내 미얀마 저곳의 삶은 지옥이다
이국땅에 잠시 머물고 있는 이곳 역시 매일이 지옥이다

버스로 스치는 이곳 사람들의 일상이 부럽다
고궁에서 사진을 찍는 노부부의 행복한 웃음이 부럽고
어깨 부딪치며 깍지 낀 연인들의 두 손이 부럽고
점심 메뉴를 논하는 정장 슈트들의 한가로움이 부럽고
교복 차림 여학생들의 웃음이 전부인 수다가 그저 부럽다
보름 전까지 익숙했던 저 풍경들이 지금은 낯설다

라파이 한 잔의 아침 대신 거리로 뛰쳐나간 자식 걱정으로 시름 가득한 노부부

한적한 카페를 찾던 연인들은 길거리 최루탄 연기 속에서 서로의 안부를 묻고

시민 불복종 선언 피켓을 들고 월급을 포기한 가장들은 서로를 위로해야 하고

교복을 벗어던진 어린 동생들은 피투성이가 되고 주검이 되어 엄마 품으로 돌아오고

어둠 속에서 쟁쟁하던 냄비 소리는 날카로운 총성을 이기지 못하고

무리 지어 들려오는 군홧발 소리는 유일한 휴식의 밤마저 빼앗고

새벽 끝에서 겨우 잠든 아이의 엄마는 여명 속에서 눈물을 훔치고

헬멧과 고글과 마스크를 챙기는 아버지는 가족 모르게 두렵고

파고다의 불빛은 언제나 그랬듯 저곳에서 저 홀로만 밝다

그래서 부럽다

봄이 왔다

백신이 나오면서 여행 얘기들이 들려오고

코로나19 이후를 계획하는 일들로 바쁜 이곳,

저곳은 과거의 망령에 사로잡힌 군부의 총부리에 오늘만
을 버틴다

코로나19가 아닌 쿠데타 백신을 기다리는 미얀마의 봄
얼마나 더 피 흘려야 하고
얼마나 더 죽어야 하는가?
너희는 누구의 국민이며
너희는 또 누구를 위한 군인인가?

얼마든지 쳐라 얼마든지 쏴라
너희의 초조함은 우리를 더욱더 단단하게 만들 것이다

지난 세월의 실패가 더 이상 속지 말라고 한다
지난 세월의 가르침이 더 이상 물러서지 말라며 격려한다

우리는 이제 너희가 누구인지 알았고
우리는 이제 너희의 마지막을 알고 있다
봄처럼 찾아올 군부 너희의 그 마지막 길에 우리 함께 외
칠 것이다

미얀마 민주주의여 만세
우리는 부럽지 않다…라고

강선우.

강선우는 쿠데타 발생 보름 만에 이 시를 썼다. 행동하는 미얀마 청년연대와 함께 서울에서 반쿠데타 운동을 펼치고 있는 해외주민운동연대의 사무실로 가는 버스 안에서였다.

"혜화동 가는 버스 안에서 그런 감정이 생겼어요. 버스 밖 풍경처럼 평화로웠던 미얀마가 하루아침에 지옥 같은 현실을 맞이했다는 게 눈물 나도록 슬프면서 한편으론 군부에 대한 분노가 치밀어 올랐어요. 누가 읽기를 바라고 쓴 건 아니고, 그렇게라도 표현하지 않으면 답답하고 숨이 막혀서 썼던 것 같아요. 그때는 피 흘리고 쓰러져가는 미얀마 저항 시민들에 대한 연민과 미안함 그리고 군부에 대한 분노가 컸는데, 지금은 거기에 더해서 쿠데타를 막지 못한 정치인에게까지 분노가 옮겨 간 것 같습니다. 지금 바라는 것이 있다면, 제 시를 미얀마 정치인들이 보고 시민들이 얼마나 힘겹게 싸우고 있는지 깨닫고 정신 차렸으면 하는 거예요."

오지를 횡단한 여행자

석사 과정을 마친 2012년에 강선우는 본격적으로 미얀마어 통번역을 시작했다. 마침 미얀마 군부가 경제 개방을 표방하던 시기와 맞물려 미얀마어 수요가 많아졌고, 덕분에 2014년에 박사 과정을 시작하기 전까지 강선우는 바쁘게 일했다.

"얽매이는 회사 생활은 저와 맞지 않았어요. 그래서 프리랜서로 통번역과 미얀마어 과외를 했어요. 미얀마는 1962년부터 2009년까지 은둔의 나라였다가, 당시 군부 정권이 시대 흐름에 따라 시장 개방을 선언한 게 2010년이었거든요. 많은 것들이 갇혀 있다가 그때부터 오픈되기 시작했죠. 그래서 2010년부터 2014년까지 미얀마가 경제적으로 주목을 많이 받았어요. 외국인 투자자가 모이고 한국의 통신사나 포스코 같은 기업이 미얀마에 들어간 것도 그때예요. 퇴직하고 미얀마에 가서 자영업을 하려는 분들이 많았기 때문에 비즈니스 통번역이나 과외 일이 꽤 많았고요. 요즘은 비즈니스 통역이 많이 줄었고, 주로 한국산업인력공단이나 코트라 같은 정부 기관에서 주최하는 강의와 행사를 통역해요."

통역은 셀 수 없이 많이 했지만 여전히 긴장되는 일이다. 특히 정부 기관 통역은 경직된 분위기에서 진행될 때가 많고, 매번 주제가 달라지므로 공부해야 할 것도 많다. 주최 측에서 자료를 미리 제공하면 통역을 준비하기가 그나마 수월하지만, 자료를 받지 못할 때는 행사에 관한 최소한의 정보를 요청하는 일 또한 통역사의 몫이다. 행사의 키워드를 파악한 뒤에는 관련 도서와 신문 기사, 논문 등을 검색해 자신만의 통역 자료를 만든다. 여기에 드는 시간은 1주일. 노력은 배신하지 않는다고 말하는 그의 목소리에서 성실함으로 다져진 자신감이 느껴졌다.

언어 공부를 여행에 비유한다면, 비주류 언어는 가이드

미얀마어 통번역사의 마음

북이 적거나 거의 없는 여행지다. 많은 사람이 찾는 여행지일수록 주제별 가이드북이 다양한 것처럼, 많은 사람이 쓰는 외국어일수록 공부할 자료가 풍부하다. 미얀마어는 한국인이 자주 찾는 외국어가 아니다. 케이팝이나 한국 드라마가 유행하기 전까지 미얀마인 역시 한국어를 자주 찾지 않았다. 여행지로 치면 양국이 서로에게 오지였던 셈이다.

오지를 여행 중인 강선우에게 통번역의 고충을 물으니 주저 없이 사전을 꼽았다. 미얀마에서 한국어-미얀마어 사전을 가져오기는 했지만, 내용이 충실하지 않아 자주 참고하지 못한다고 했다. 그래서 통역을 준비할 때는 대개 한국어를 영어로 옮긴 뒤 다시 미얀마어로 옮기는 과정을 거치고, 그렇게 번역한 단어를 꾸준히 정리한다. 강선우만의 사전을 만드는 셈이다. 죽은 단어는 버리고 새로운 단어는 추가해 실용적인 한국어-미얀마어 사전을 만들고 싶은 것이 20년 넘게 한국어를 공부한 그의 꿈 중 하나다. 그가 엮은 한국어-미얀마어 사전이 미지의 땅을 밟으려는 모험심 가득한 여행자에게 든든한 안내서가 될 어느 날이 그려졌다.

미얀마에 한국을 소개하는 작업도 진행 중이다. 강선우는 한국에서 국문학을 공부한 미얀마 친구 세 명과 함께 『한국학의 즐거움』을 공동 번역했다. 번역하는 과정은 한국학의 즐거움이 아니라 한국학의 괴로움이 될 뻔했다고 웃으며 말하는 그였다.

"공동 번역이었기 때문에 번역자끼리 용어 통일이나 마감 일정을 맞추는 게 너무 어려웠어요. 제가 이끌고 가야 했거든요. 그런데 그것보다 더 어려웠던 것은 책의 내용이었어요. 제가 번역을 맡은 챕터 중 하나가 「한국의 신화, 천지개벽의 이야기」였는데 단군신화, 칠성신, 오방신, 환인웅녀, 삼신할미….(웃음) 한국 신화에 대한 배경지식이 없으니 아무리 읽어도 이해할 수 없어서 신화를 전문적으로 연구한 교수님을 찾아가 물어볼 정도였어요. 그리고 신화에 등장하는 표현 중에는 미얀마어에 없는 단어가 정말 많아요. 특히 한자어요. 미얀마에서는 한자를 쓰지 않으니까 그런 단어들을 번역하는 일도 힘들었죠."

그럼에도 이 책을 끝까지 번역한 이유는 한국의 참모습을 알려주는 책이 미얀마에 없기 때문이다. 강선우의 기억이 맞는다면, 미얀마에 출간된 한국 관련 책은 한강의 기적을 다룬 아주 오래된 책 한 권이 전부다. 『한국학의 즐거움』 미얀마어판이 모국에 출간된다면 모교인 만달레이 외국어대에서 한국어를 공부하고 있을 후배들에게 가장 먼저 보여주고 싶다고 했다. 군부 쿠데타가 아니었다면 벌써 출간됐을 것이라는 말도 덧붙였다. 오지 횡단에 성공한 강선우는 이제 다음 사람을 위해 길을 내려 하고 있었다.

미얀마어 통번역사의 마음

아타락시아, 무엇에도 흔들리지 않는 고요함

통역사를 무대에 서는 직업이라고 한다면, 그 무대란 대개 언어를 주고받는 일을 뺀 거의 모든 요인이 통제된 공간이다. 회의실과 강연장이 그렇고 법정과 브리핑룸이 그렇다. 그곳에서 변수는 발언권을 얻은 연사의 재량뿐이다. 강선우는 조금 다른 통역을 해왔다. 살아서 펄떡거리는 언어와 어떤 돌발 사태를 만들어낼지 알 수 없는 온갖 요인이 쉴 새 없이 날아드는 현장에서 말을 옮기는 일은 어떨까.

EBS 〈세계테마기행〉이 다른 여행 프로그램과 다른 점은, 해당 지역 전문가나 그 지역과 인연이 있는 사람을 여행자로 섭외해 그의 시선으로 시청자를 안내한다는 점이다. 유명한 관광지나 화려한 볼거리보다는 우리와 같은 듯 다른, 그곳 주민의 일상을 그들과 같은 눈높이로 보여준다. 강선우는 EBS 〈세계테마기행〉에 큐레이터로 두 번 출연했다. 의미 있는 축제를 소개하고, 방문할 장소를 점검하고, 관계자와 일정을 조율하고, 촬영 스태프와 현지인을 이어주는 일까지, 현지 촬영을 위해 필요한 모든 일에 강선우의 땀이 배어들었다. 미얀마의 이곳저곳을 소개하고 싶어 스태프들을 설득한 일, 쉽게 갈 수 없었던 미얀마 시골을 체험한 일, 소수민족과 대화 나누며 그들의 문화를 접한 일 모두 뜨거운 추억으로 남아 있다. 한 시절의 뜨거운 열정은 쉽게 사그라지지 않는다. 어쩌면 그 열정이 지금의 남편과 사랑에 빠지게 했는지도 모른다.

"〈세계테마기행〉에 출연했을 때 남편이 PD였어요. 2016년에 한 번, 2018년에 또 한 번 같이 미얀마에 가서 촬영하면서 소통이 굉장히 잘됐어요. 남편을 좋아하게 된 이유는 정치적 지향점이 같아서예요. 〈세계테마기행〉 연출자와 출연자로 만나 거의 두 달에 가까운 시간을 동고동락하며 볼 것 안 볼 것 다 봤거든요. 이 사람이 어떤 사람인지 어떤 생각을 하는지 어떤 삶의 철학을 가졌는지 두 달간의 수많은 대화와 행동 속에서 알게 됐어요. 특히 서양인과 서양 문화에 대한 아시아인의 열등감이 이 사람에게는 보이지 않았어요. 저는 세계사에 약한 편이었는데, 이 사람은 다큐멘터리를 만드는 동안 세계를 여행하며 느끼고 배운 것들이 많았고, 그런 것들을 들으면서 제 생각도 많이 바뀌었어요. 그렇다고 한국인이 제일이고 훌륭하다는 우월의식이나 민족주의 성향이 있는 것도 아니어서 더 좋았어요. 특히 지금도 남편에 대한 사랑이 변하지 않는 건, 남편이 시를 좋아하고 서로 시로 소통할 수 있기 때문인 것 같아요. 좀 부끄럽네요.(웃음) 메이저보다는 마이너, 강자보다는 약자 편에 서서 그들을 이해하려고 노력하는 모습도 좋고요. 아직은 다 좋아요. 다만 다큐멘터리 PD가 생각보다 돈을 못 벌어서 조금 아쉽기는 해요.(웃음)"

강선우가 최근 참여한 방송 통번역은 KBS 1TV 〈시사기획 창: 혁명은 실패하는가〉다. 강선우의 손을 거쳐 미얀마어로 번역된 이 프로그램은 유튜브를 통해 미얀마 현지에서도 호응을 얻고 있다. 지금의 강선우에게 언어는 무기다. 미얀마

가 더는 고립되지 않도록 세계에 오늘의 미얀마를 알리는 일, 연대를 보여준 한국에 대한 고마움을 표현하는 일, 모두 그의 언어 능력 덕분에 가능하다.

"〈시사기획 창〉을 할 때는 솔직히 힘들었어요. 통번역하면서 거의 매일 울었던 것 같아요. 임신 중이었는데 차마 방송에 내보낼 수 없는 끔찍한 영상들을 번역할 때는 배 속의 아기에게 정말 미안했어요. 방송을 준비한 기간은 두 달 정도예요. 저는 주로 미얀마 현지 언론의 보도 내용을 통번역하고 섭외 보조를 했어요. 미얀마에서 열심히 시위에 참가하는 활동가들과 직접 소통하고 통화하면서 섭외 요청을 했죠. 아무래도 지금의 사태를 많이 알려야 하기 때문에 다들 긍정적으로 생각하고 응해주신 것 같아요. 제가 그분들에게 배우는 것도 많고, 국제사회도 알았으면 하는 내용이 많아서 일하는 보람이 있었어요. 미얀마 사태를 보도하려는 한국 언론이 있다면 가리지 않고 달려가서 일하는 편이에요. 한국이 미얀마와 함께 연대해준 것이 고마워서, 제가 가진 능력을 활용해서 할 수 있는 일을 찾아서 하고 있어요."

어느 때보다 참담할 것이 분명했지만 '혼란'은 강선우에게서 떠올릴 수 있는 단어가 아니었다. 그는 뜨거운 분노를 잊지 않은 채 자신이 해야 할 일을 차갑게 해내는 중이었다. 강선우의 유튜브 채널명은 아타락시아 작업실이다. 아타락시아란 무엇에도 흔들리지 않는 고요한 마음 상태를 뜻하는 그

미얀마어 통번역사의 마음

리스어다. 내면의 평화, 스틸니스, 알아차림. 이름을 바꿔가며 다양하게 불리는 그것은 누구나 도달하고자 하는 마음 상태일 것이다. 그에게 아타락시아란 무엇일까.

"내면의 평화를 찾기 위해 애쓴 적은 없어요. 평화주의자라는 말은 너무 거창하지만, 저도 남편도 어쨌든 평화를 추구하는 사람이거든요. 사회에 폐를 끼치지 않고 살자는 게 제 신념이에요. 좋아하는 일을 하면서 남에게 피해 주지 않고 사는 것. 문제 일으키지 않고 작은 행복과 작은 편안함을 누리며 사는 것. 미얀마에 아주 평화로운 산악 지역이 있는데 나중에 거기에 가서 이런 마음으로 살자는 이야기를 남편과 가끔 해요. 언젠가는 그렇게 살 거예요."

시와 번역을 좋아하고 평화로운 농촌 생활을 꿈꾸던 국문학도 강선우는 이제 투사가 되었다. 하루아침에 그렇게 됐을 리는 없다. 강선우는 좋은 친구라는 이름을 얻은 후부터 사회를 보는 눈이 달라진 것 같다고 했다. 착할 선에 벗 우. 어느 작가는 똑똑하지 않으면 착할 수 없다고 했다. 강선우는 명석함과 예리함이라는 갑옷을 입고 언어라는 무기를 든 채 좋은 친구가 되겠다는 굳은 각오로 투쟁 중이다. 강선우의 착한 투쟁이 지치지 않기를, 머지않은 날 투쟁 종료를 선언하고 평화로운 일상으로 돌아가기를. 강선우의 말대로 미얀마는 죽은 사회가 아니며 다시는 과거의 미얀마로 돌아가지 않을 테니까.

"가장 무서운 건 무관심과 고립감이에요. 미얀마 시민들은 여전히 죽음으로 싸우고 있으니 조금만 더 관심을 가져주시기를 진심으로 바랍니다."

* 인터뷰를 마치고 한 달 뒤, 강선우는 예정보다 이른 출산을 했다. 아이의 이름은 이안(異案). 다른 생각을 할 수 있는 사람이 되라는 뜻이다.

미얀마어 통번역사의 마음

이지언, 여자 배구 통번역사의 마음

체육 시간이 좋았던 기억은 없다. 비가 와도 이왕이면 체육 든 날 비가 오기를, 아파도 이왕이면 체육 든 날 아프기를 참 간절히도 바랐다. 1년에 한 번 있을까 말까 한 행운으로 어쩌다 체육 시간에 혼자 교실을 지키게 되면, 그 50분은 정말이지 달콤했다. 아무도 없는 교실의 끝에서 끝을 조망하는 일이란.

　내 기억에 체육 선생님들은 대개 목소리가 컸다. 그럴 수밖에. 드넓은 운동장에서 수십 명의 아이를 통제할 수단은 목소리뿐이었을 테니까. 그 큰 목소리로 "선착순 열 명!"을 외치며 삑 호루라기를 불면 그때부터 우리는, 아니 정확히 내 몸은 꽁지에 불붙은 닭처럼 골대를 향해 발사됐다. 열 명 안에 들지 못하면 반복되는 선착순 놀음에 계속 놀아나야 하고, 그때까지의 삶의 궤적으로 미루어보건대 내가 열 명 안에 든다는 것은 해가 서쪽에서 뜨는 일과 다름없었으니 처음부터 꾀도 부리고 눈치도 봐가며 설렁설렁 뛸 수도 있었을 텐데, 이번에는 열 명 안에 들 거라는 헛된 희망은 왜 매번 사그라지지도 않는지, 선착순을 외치는 족족 의지를 불태우며 힘껏 뛰고는 결국 차가운 시멘트 계단에 뻗어 있던 게 나라는 학생이었음을 고백한다.

　체육이 싫은 이유는 또 있었다. 체육 시간은 늘 전시의 시간이었다. 벌게진 얼굴로 죽을힘을 다해 낑낑대지만 철봉 위로는 단 한 번도 올라가지 못하는 내 얼굴을 반 친구들 전체에게 전시해야 했고, 헐떡이며 100미터 결승선을 통과한 뒤통수에 대고 "22초!"를 외치는 선생님의 목소리를 들은 순간의 내 표정을 계단에 줄지어 앉은 반 친구들에게 낱낱이 전시해야 했다. 내게

　　　　　　　　　　여자 배구 통번역사의 마음

체육이란 협동은 잘 모르겠고 시선은 과도했던 과목이었다. 그런 내가 어른이 되었다고 스포츠를 좋아하기는 어려웠다. '영어를 10년 넘게 배웠는데 왜 입이 트이지 않는가'라는 질문이 가능하다면, '체육을 10년 넘게 배웠는데 왜 야구 규칙을 모르는가'라는 질문도 가능하다. 내가 체육 시간에 배운 것은 무엇이었을까.

체육과 영어를 사랑한 아이

"초등학교 때 할머니가 미국에 사셔서 미국에서 공부할 기회가 있었어요. 저는 어릴 때부터 몸을 움직이는 활동을 좋아했거든요. 미국에서 정말 좋았던 게, 체육 시간이 한국과는 전혀 다르더라고요. 미국 학교에서는 일단 체육 시간이 굉장히 많고, 다양하고, 선생님이 전문적으로 가르쳐줘요. 한국에 있을 때는 땅에 선 그리고 선생님이 공 하나 던져주고, 피구해, 축구해 그게 다였는데 미국에서는 크리켓, 골프 같은 걸 처음부터 하나하나 가르쳐주고 야구나 축구 같은 스포츠를 취미로 즐길 수 있게끔 제대로 가르쳐줬어요. 남자아이와 여자아이를 나누지도 않고요. 스포츠란 평생 즐기는 활동이라는 인식을 어릴 때부터 갖게 해주는 거죠. 그 덕분에 운동을 무서워하지 않게 됐고 두려움도 없었던 것 같아요. 우리나라도 그렇게 되면 좋겠다고 생각했어요."

인간은 본성보다 환경이라고 했다. 내가 미국 학교에서 체육을 배웠다면 오래달리기 선수가 됐을지 누가 알까. 적어도 체육 혐오자가 되지는 않았을 것이다. 대체 선착순에서 기대한 교육 효과는 뭐였을까. 다른 친구들보다 발이 느리면 모래 먼지를 배불리 마시게 된다는 것? 초록이 선명한 6월의 어느 날, 이지언에게 듣고 싶은 이야기가 한층 선명해졌다. 그는 내가 가장 좋아하는 것을 내가 가장 싫어하는 것과 결합한 사람이었다. 언어도 체육도 사랑하는 사람. 소시지와 콩을 같이 먹을 줄 아는 아이. 꿈에도 편식이 있다면, 그는 편식을 모르는 것처럼 꿈꾸고 이뤄낸 사람이었다.

"한국에 돌아온 뒤에도 영어 공부는 꾸준히 했어요. 엄마 등쌀에 못 이긴 것도 좀 있었고요. 체육은 원래부터 좋아했고 또 잘하는 편이었어요. 그러다 고등학교 2학년 때 선생님이 '너 체육반에 가지 않을래?' 하고 권하시더라고요. 처음에는 저도 깊이 생각을 안 했고, 부모님도 체육 쪽으로는 진로를 생각하지 않으셨기 때문에 반대하셨어요. 그런데 생각해보니 저는 운동을 워낙 좋아했고, 또 교육 환경을 바꾸고 싶기도 했으니까 체육 선생님이 되는 것도 괜찮겠다고 생각했죠. 그래서 체대 입시를 준비해서 체육교육과에 진학했어요."

체육교육과 졸업생은 보통 체육 교사를 꿈꾼다. 이지언 역시 한때 체육 교사를 희망했지만, 거기에는 영어가 없었다. 이왕이면 좋아하는 영어도 쓸 수 있는 일을 하고 싶었다. 2017년 2월에 대학교를 졸업한 이지언은 그해 3월, 마케팅 컨설팅 회사에서 인턴 생활을 시작했다. 하지만 이번에는 체육이 없었다. 인턴 생활이 끝나가던 7월, 스포츠 통역사를 구한다는 공고를 발견한 것은 행운이었다.

"마침 공고가 났어요. GS칼텍스 여자 배구단에서 스포츠 통역사를 구한다고. 저는 대학교 때 배구 동아리를 했을 정도로 배구를 좋아하거든요. 그래서 떨어지더라도 일단 한번 지원서를 써보자 했는데, 운 좋게 됐죠. 그때까지만 해도 스포츠 업계가 좁았기 때문에 채용 공고는 주로 스포츠잡 알리오라는 취업 카페에서 확인했어요. 지금은 많이 활성화돼서 일반 구직 사이트에도 올라오더라고요. 그렇게 6~7월에 채용 공고가 나서 지원을 하고 8월에 시즌 계약을 했어요. 제가 인사 담당자가 아니라 어떻게 하면 합격한다고 답을 드리기는 어려운데, 서류에서는 기본적으로 공인 영어시험 점수라든지, 배구에 대한 이해도를 보시지 않았을까 싶어요. 면접은 3차까지 봤어요. 다행히 면접자 간 경쟁 방식은 아니고 한 명씩 들어가는 방식이었는데 1차는 사무국, 2차는 단장님과 사장님, 마지막 3차가 감독님 면접이었어요. 주로 제가 어떤 사람인지를 많이 물어보셨어요. 특히 제가 했던 배구 동아리와 관련해서요. 아무래도 오랜 기간 합숙을 해야 하니까 잘 적응할 수 있을지, 단체 생활에서 가족처럼 지낼 수 있을지 하는 점을 많이 보셨던 것 같아요. 타이밍이 잘 맞아서 여기까지 오게 됐죠."

이지언,

이지언은 17~18시즌에 GS칼텍스 여자 배구단에 합류해 19~20시즌부터 지금까지 네 시즌째 청평 클럽하우스에서 선수들과 합숙 생활을 하고 있다. 외출과 귀가 때마다 일일이 보고를 해야 하고, 밤 11시 이후에는 건물 전체가 소등되는 엄격한 합숙이다. 여자 배구 일곱 개 팀을 통틀어 여태껏 두 시즌 이상 통역을 한 사람은 많지 않다. 재계약이 거의 없고 이직률이 높기 때문이라고 이지언은 말했다. 나는 이지언에게 클럽하우스에서의 합숙 근무 일정을 시간대별로 말해줄 수 있느냐고 물었다.

　　"시즌일 때와 비시즌일 때가 달라요. 비시즌은 보통 6월 1일부터 8월 말까지예요. 이때는 오전-오후-오전-오후-오전 이렇게 다섯 차례 운동하고 한 번 쉬는 모듈로 진행이 돼요. 그러니까 월요일 오전, 월요일 오후, 화요일 오전, 화요일 오후, 수요일 오전까지는 운동하고 수요일 오후에는 쉬는 거죠. 다시 목요일 오전, 목요일 오후, 금요일 오전, 금요일 오후, 토요일 오전에 운동한 뒤 토요일 오후에 쉬고요. 일요일은 통째로 쉬니까 보통 토요일 오후부터 일요일 오후까지는 외박이죠. 이게 비시즌 일정이고요."

　　여기까지 들었을 때, 외국어를 쓰는 직업에 종사한다는 이유 하나로 이지언과 나를 같은 직업군으로 묶는 것이 과연 합리적인 분류인가 회의가 들기 시작했다. 나는 번역을 할 때 하루에 몇 페이지씩 며칠간 하면 완역 원고가 나오겠다는 일

　　　　　　　　　　　　　　여자 배구 통번역사의 마음

정을 갖고 시작하지만, 어쩌다 하루를 쉬면 그다음 날 두 배를 하기도 하고, 내일은 번역을 못 하겠다 싶으면 오늘 미리 두 배를 해놓기도 한다. 그러니까 대강의 계획은 있지만 세부는 어떻게 될지 알 수 없는 흐물흐물한 푸딩 같은 것이 나의 시간이라면, 이지언의 시간은 지키지 않으면 위반이라는 이름이 붙는 단단한 규칙들로 구획된 벽돌 같은 시간이었다. 심지어 이것이 전부가 아니었다.

"시즌 때는 경기 다음 날 오전에 쉬어요. 다음 경기까지 시간이 좀 많을 때는 하루나 이틀을 통째로 쉬기도 하고요. 불규칙적이에요. 시간대별로 말하면, 일단 6시 55분에 무조건 아침을 먹어요. 먹고 다시 잘 때가 있기는 하지만.(웃음) 그리고 9시 30분부터 12시까지 웨이트 훈련을 하고요, 점심을 먹고 3시까지 쉬어요. 그러고 6시나 6시 30분까지 볼 훈련을 해요. 6시 30분쯤에 저녁을 먹고, 7시 30분부터는 치료가 있어요. 치료를 받지 않을 때는 보강 훈련이라고 해서 각자에게 필요한 훈련을 하고요. 그 시간이 끝나면 9시에서 9시 30분쯤이 돼요. 그리고 정리를 좀 하고 11시 소등이에요. 경기가 있을 때는, 만약 내일 저녁 7시에 경기가 있다고 하면 하루 전날 경기장으로 출발해요. 도착하자마자 적응 훈련이라는 걸 하죠. 2시간 30분에서 3시간 정도. 그런 다음 저녁을 먹고, 분석지와 영상을 보면서 상대 팀 분석을 하고 치료받고 나면 밤이 돼요. 다음 날 오전에 적응 훈련을 한 번 더 해요. 서브 리시브 위주로 1시간에서 1시간 30분 정도. 그렇

　여자 배구 통번역사의 마음

게 몸을 풀고 점심 먹고 쉬었다가 오후에 경기를 하죠. 끝나면 다시 청평 와서 치료받고. 하루 마무리하고. 그렇게 돌아가요. 팀 내 규칙도 굉장히 많아요. 처음에는 선수들과 똑같이 규칙을 지켜야 하는 게 쉽지 않았지만, 내가 속한 조직체의 규칙이고 저도 그 구성원이니까 적응하려고 노력했어요. 해보니까 저와 잘 맞더라고요"

듣고 있으니 그가 들려주는 일과가 선수의 것인지 통역사의 것인지 헷갈렸다. 이지언도 자신이 선수인지 통역사인지 헷갈릴 때가 있지 않을까. 하지만 시간을 저당 잡힌 노동이라는 표현을 입 밖에 내기에는 그가 너무 밝고 다부졌다. 애써 만족스러운 척하는 가식과는 거리가 멀었다. 이지언에게는 자기 일을 사랑하는 사람 특유의 건강한 기운이 넘쳐흘렀다. 이지언이 시간을 내어주고 손에 쥔 것은 무엇일까. 다른 모든 조건을 상쇄하고 건강함만 남게 한 그것은.

빠르게 정확하게 오해 없이

2020년 가을부터였다. 예능, 뉴스, 드라마로 점철되었던 우리 집 텔레비전을 여자 배구가 점령하기 시작한 것은. 출발은 남편이었다. GS칼텍스의 에이스 이소영 선수가 나와 닮았다는 이유로 여자 배구 팬이 된 남편을 따라 나도 얼마 뒤 여자 배구의 세계에 뛰어들었다. 처음에는 경기만 봤다. 언젠가부터 남편이 유튜브 동영상을 건네기 시작했다. GS칼텍스 여자배구단에서 운영하는 유튜브 채널에서는 경기장 밖 선수들의 스스럼없는 모습을 볼 수 있었다. 선수들이 서로 머리를 묶어주는 모습, 장난치는 모습, GS칼텍스 팀의 공식 반려견인 킥스의 간식을 빼앗아 먹는 모습까지 하나같이 새로웠다.

그중에서도 특히 남편과 내가 반복해서 본 영상이 있었다. "(아프리카돼지열병 문제로) 오늘 전국에 돼지 이동 금지 명령이 떨어졌는데, 감독님이 움직였다"라며 팀의 맏언니인 김유리 선수가 차상현 감독을 돼지에 빗대어 놀리는 것도 모자라, 차 감독의 어깨에 떡하니 손을 올리고 걷는 모습이 담긴 영상이었다. 친구인지 동료인지 분간이 되지 않는 두 사람의 관계가 그저 놀라웠다. 선수와 감독 사이에 저렇게 벽이 없을 수 있다니. 친밀함을 바탕으로 단단한 팀워크를 이뤄낸 GS칼텍스는 2021년 코보컵과 정규리그, 챔피언결정전까지 모두 우승함으로써 여자 배구 최초로 트레블 우승을 달성했다.

하지만 모든 경기가 잘 풀렸던 것은 아니다. 2021년 1월 29일, V-리그 여자부 5라운드가 한창인 장충체육관. GS칼텍스는 IBK기업은행에 1세트부터 9 대 20으로 지고 있었다. 강소휘, 권민지, 한수지 등 주전 선수들의 잇따른 부상 속에 세터를 교체해가며 분위기를 끌어올리려 했지만 고전을 면치 못하던 차, 두 번째 타임아웃을 쓴 차상현 감독이 선수들에게 일갈했다.

　　　　　　　　여자 배구 통번역사의 마음

"누구 빠졌다고 남들이 알아줄 것 같아? 아무도 안 알아 줘. 그 선수들이 안 들어오면, 못 들어오면 그냥 이대로 끝낼 래? 잘 지켜, 이놈들아. 답게 해, 답게!"

평소 예능에 출연한대도 부족할 것 없는 유머 감각을 선보이던 차 감독이었지만 경기 중의 그는 전혀 달랐다. 고작 30초 남짓의 짧은 시간이었지만 카메라 너머 시청자의 간담 까지 서늘하게 하는 그의 죽비 같은 꾸짖음은 선수들을 긴장 시키기에 충분했다. 차 감독의 서늘한 호령을 들으며 나는 이 지언을 떠올렸다. 그는 "답게 해, 답게"를 뭐라고 옮겼을까.

"정확하게는 기억이 안 나지만 아마 'Act like a professional' 이라고 통역했을 거예요. 프로답게 해, 책임감 있게 해 정도로 의역했을 것 같아요. 감독님이 평소 그 말씀을 굉장히 자주 하시거 든요. 훈련할 때도 책임감이라든지 선수로서의 사명감에 대한 말씀을 자주 하셨기 때문에 평소 맥락에서 유추해보면 아마도 프로 선수답게 책임감 있게 해라, 그런 의미로 말씀하셨을 가능성이 커요."

프로답게 해, 프로답게. 그러고 보면 스포츠에서만큼 책임감이나 사명감이라는 단어가 자주 들리는 분야는 없다. 태극 마크에 대한 책임감으로 경기에 임하겠다고 다짐하고, 선발투수의 책임감을 안고 비장하게 마운드에 오르며, 동료 선수의 부상을 목격한 주전 선수들은 두 배의 책임감을 짊어지고 경기에 나선다. 노력만으로 어쩔 수 없는 우연이 경기에서 벌어진다는 사실을 알면서도 점프를 멈추지 않는다. 손에 땀을 쥐게 하는 긴장감, 팽팽한 대결이 주는 아슬아슬함, 이겼을 때의 짜릿함. 스포츠가 관중에게 선사하는 모든 감정은 프로 정신으로 무장한 선수들이 꽉 붙잡고 놓지 않는 책임감이 만들어낸다. 스포츠가 울컥한 이유는 그 때문이다. 이지언에게 프로란 무엇일까.

"자기 일에 대해 책임감과 열정을 갖고 임하는 것이죠. 책임감을 가진 선수는 몸 관리에 신경을 많이 쓰는데 수면 패턴부터 회복, 음식까지 경기력에 영향이 가는 부분들은 모두 관리하려고 해요. 열정이 있다는 건 성장을 위해 노력한다는 말이니까요. 제가 통역을 하면서 가장 오랜 시간을 함께 보낸 듀크 선수와 러츠 선수 모두 프로다웠다고 생각해요."

스포츠의 주요 무대는 오랫동안 남자부 경기였고, 여자부 경기는 그 하위 종목 정도로 여겨져왔다. 하지만 배구는 이런 흐름을 깨고 여성 스포츠로서 독자적인 입지를 확보한 몇 안 되는 종목이다. 여자 배구의 인기가 점점 높아지는 이유를 내부에서는 어떻게 보고 있을까. 이지언은 주저 없이 김연경 선수를 꼽았다. 김연경 선수의 활약과 더불어 올림픽에 출전한 여자 배구가 주목을 받기 시작했고, 이후 팬이 폭발적으로 늘었다는 것. 뒤이어 꼽은 인기 비결은 분위기였다.

여자 배구 통번역사의 마음

이지언,

여자 배구 통번역사의 마음

"여자 배구는 분위기 싸움이라고들 해요. 분위기를 많이 타기 때문에 예측과 다른 결과가 나오는 게 가능하다고 봐요. 평소 못 받던 볼도 분위기를 타면 걷어 올리기도 하거든요. 파이팅 넘치게 하라는 말이 그런 뜻이에요. 안 되던 것도 되게 만들 수 있고 상대편과의 기 싸움에서 이길 수도 있으니까요."

예측한 결과와 실제 결과에 큰 차이가 없어서 전략의 범위를 벗어나지 않는 종목이 남자 배구라면, 지난 시즌에서 우승을 거머쥔 팀이 이번 시즌에는 꼴찌를 할 수도 있는 게 여자 배구다. 어떤 역전도 가능한 경기 흐름, 끝날 때까지 끝난 게 아닌 반전 드라마. 여자 배구의 이런 유동성이 스포츠팬들을 사로잡는 게 아닐까라고 이지언은 조심스럽게 추측했다.

그가 말한 분위기라는 단어를 팀워크라는 말로도 바꿀 수 있을 것이다. 분위기는 팀 안에서 만들어지고 결국 팀을 움직이니까. 실제로 많은 이들이 GS칼텍스의 지난 시즌 트레블 우승 달성 비결로 팀워크를 꼽았다. 한두 명의 스타 선수가 이끄는 팀이었다면 이야기가 달랐겠지만, GS칼텍스는 그런 팀이 아니었다. 저마다 제 몫을 하고 모두가 밀접하게 연결된 유기적인 조직체였다. 하루아침에 만들어지지는 않았을 것이다. 심지어 다른 문명권에서 나고 자란 선수와도 하나가 되어야 하는 일이 쉬웠을 리 없지만, 제법 근사하게 해낸 것이 분명하다. V-리그 출범 이래 최초로 챔피언결정전 MVP를 두 선수가 공동으로 수상했기 때문이다. 공동 수상의 주인공은 이소영 선수와 러츠 선수다.

"러츠가 MVP로 선정됐을 때 맨 처음 든 생각은 '정말 잘됐다'였어요. 중요한 경기들에서 정말 잘했는데 수훈 선수에 선정되지 않아서 아쉬웠거든요. 우리 팀이 우승한다면 꼭 챔피언결정전 MVP에 선정돼서 좋은 추억을 만들었으면 했어요. 또 이례적으로 이소영 선수와 공동 MVP로 선정되어서 더 기분이 좋았어요."

스포츠 통역사와 외국인 선수는 하루 중 자는 시간을 빼놓고 늘 함께라고 해도 과언이 아니다. 업무적인 소통 외에 개인적으로도 많은 이야기를 나눈다. 선수에 따라서는 농담이나 사소한 대화는 제외하고 통역해달라고 요청하거나, 무언가를 거절해야 하는 상황이 됐을 때 문화적인 부분도 고려해서 부드럽게 통역해달라고 부탁하는 경우도 있다. 이지언이 통역할 때 중요하게 생각하는 것은 무엇일까.

"빠르게 정확하게 오해 없이 통역하는 거죠. 예를 들어 경기가 있을 때 통역이 일하는 시간은 작전타임 30초뿐이잖아요. 하지만 작전타임 때 통역을 제대로 하려면 경기의 시작부터 끝까지 한순간도 놓치지 않고 주시해야 해요. 왜냐하면 감독님이 '아까 그건 그렇게 하면 안 되고'라고 말씀하시면, 아까 그거가 뭔지를 제가 알고 있어야 통역할 수 있으니까요. 30초의 통역을 위해서 경기

여자 배구 통번역사의 마음

내내 집중력을 유지하는 게 쉽지 않더라고요. 경기가 끝나면 저도 같이 뛴 것처럼 녹초가 돼요."

이지언이 "빠르고" "정확하게" 다음에 나열한 부사는 "오해 없이"였다. 강조점은 세 번째 부사에 찍혀야 한다는 걸 직감적으로 알았다. 자고로 '그르칠 오'가 들어간 단어치고 좋은 말은 없다. 오류, 오판, 오역, 오탈자. 그러니 '그르칠 오'가 들어간 단어는 되도록 없는 것이 좋다. 오해가 없어야 한다고 말한다는 건, 곧 오해가 있었다는 말일 터.

"문화적 차이 때문에 한국어 느낌이 그대로 받아들여지지 않을 때가 있어서 어려웠어요. 예를 들면 우리나라 선수 간에는 선후배 관계라는 게 있잖아요. 선배가 이렇게 하라고 말했을 때, 물론 표면적인 언어는 지시어지만 그 안에는 먼저 해본 사람이 주는 조언의 의미가 함축되어 있어요. 우리나라 선수에게는 그런 걸 일일이 설명하지 않아도 선배나 연장자에 대한 존경이 기본적으로 내재해 있기 때문에 오해가 생기지 않는데, 외국인 선수 입장에서는 선후배라는 개념이 전혀 없다 보니, '코치나 감독도 아닌데 같은 선수끼리 왜 지시를 하지?'라고 오해할 수 있어요. 그런 생각이 들지 않도록 중간에서 적당히 조절해주는 게 필요해요. 러츠뿐 아니라 다른 외국인 선수도 마찬가지였고, 그게 가장 큰 문화적 차이인 것 같아요."

오해의 반대말이 이해라면 이지언의 통역 신조는 이렇게 바꿀 수도 있을 것이다. 빠르게 정확하게 이해가 되게. 하지만 이해가 어디 말처럼 쉬운가. 한국인에게 한국어로 말해도 이해하지 못해 시비가 붙는 판에 하물며 외국인에게 한국어를, 한국 문화를 이해시키는 일은 어땠을까.

"외국인과 소통할 때 아주 어렵거나 고차원적인 단어 때문에 힘든 경우는 거의 없어요. 자주 쓰는 쉬운 말들이 훨씬 어렵죠. '괜찮아' 같은 말은 아주 쉬운 표현이지만 뉘앙스에 따라 전혀 다른 뜻이 될 수 있거든요. '괜찮아'라고 말했지만 사실은 괜찮지 않은 경우도 많아서 'It's okay'라고만 옮겨서는 뜻을 전부 담을 수가 없어요. 예를 들면 점수가 안 좋지만 '할 수 있어'라는 의미로 다독일 때도 '괜찮아'라고 말하고, 정말로 괜찮을 때 '이 정도면 잘하고 있어'라는 의미로 말할 때도 '괜찮아'라고 말하니까요. 그래서 비언어적인 요소, 예를 들면 표정이나 말투, 분위기까지 생각을 많이 해서 옮겨야 해요."

번역을 해본 사람이라면 공감할 것이다. 정말 번역하기 어려운 건 쉬운 단어라는 사실을. 우리에게는 아주 일상적인 단어 하나가 영어에는 너무 많거나 전혀 없을 때가 있다. 이를테면 한국어의 '아깝다'에 정확히 대응하는 영어 단어는 아직 없는 것 같다. 영어로 아깝다는 의미를 전달하려면 It's so close~, It's waste of~처럼 단어가 아니라 구나 절로 풀

어야 한다. 서운하다, 섭섭하다, 아쉽다도 마찬가지다. sad나 disappoint라는 단어를 끌어오기는 하지만 어느 것도 서운하다나 섭섭하다, 아쉽다라는 뜻을 정확하게 나타내지 않는다. 한국인에게는 너무나 익숙한 태도이자 감정을 서양인은 표현할 필요조차 느끼지 못했던 걸까. 말이 생각을 담는 그릇이라면, 어떤 이에게는 너무 많아서 여러 그릇에 나눠 담아야 하는 무언가를, 어떤 이는 인지조차 못 하는 셈이다. 나에게는 넘치고 상대에게는 부재한 그것을 통역사는 어떻게 전달할까. 한국어 '괜찮아'가 담고 있는 수많은 의미를 이지언은 매번 어떻게 옮겼는지 물었다.

"아예 '괜찮아'라는 한국어를 가르쳐줬어요.(웃음) 너무 많이 쓰니까요. 언제부턴가는 상황에 따라 어떤 괜찮아인지 스스로 판단을 하더라고요. 나중에는 이제 '괜찮아' 좀 그만 쓰면 좋겠다고 했어요. '도대체 뭐가 괜찮다는 거야?' 하면서요.(웃음) 하지만 그렇게 되기까지 굉장히 오래 걸렸어요. 어떻게 해야 이 친구가 국내 선수들과 똑같이 팀에 자연스럽게 스며들게 할까를 많이 고민했어요. 스포츠 통역사는 단순히 말을 옮기는 것뿐 아니라 외국인 선수에게 필요한 거의 모든 것을 지원하는 사람이라고 보시면돼요. 친구도 됐다가 운전기사도 됐다가. 어떻게 보면 개인 매니저에 가까워 보이기도 해요. 특히 러츠는 정치나 사회 이슈에 관해 토론하는 걸 굉장히 좋아했어요. 그래서 제가 《타임》지까지 구독해서 오늘의 시사 이슈 다섯 개를 매일 아침 읽고 갔어요.(웃

　　　　　　　　여자 배구 통번역사의 마음

음) 코로나 상황에 미국 대선까지 겹치다 보니 미국 정치에 대한 자기 생각을 자주 표현했거든요. 특히 트럼프 정부를 지지하지 않아서 그것과 관련한 이야기를 많이 했고, 미국 대선 끝나고서는 울기도 하더라고요. 모국에 굉장히 애정이 많은 것 같았어요. 저도 러츠와 대화하기 위해서 준비를 많이 했죠."

스포츠 통역사가 외국인 선수의 개인 매니저를 자처하는 사람이라면, 외국인 선수는 스포츠 통역사의 삶의 질을 좌우하는 사람일 수 있다. 내 삶의 질을 좌우하는 자리에 앉은 사람을 보통 '갑'이라고 부른다. 하지만 경기나 언론 인터뷰에서 드러난 두 사람의 모습에서 갑을 관계를 느끼기는 어려웠다. 인천공항 입국장에서 반갑게 손을 흔들며 스태프들과 인사 나누는 모습이 한국 생활을 시작한 러츠의 첫 장면이었다면, 인천공항 출국장 벤치에서 이지언을 껴안은 채 눈물을 펑펑 흘리던 모습은 러츠가 한국에 남긴 마지막 장면이다. 그 사이 얼마나 많은 일들이 있었을까. 두 사람이 흘린 눈물에서 관계의 깊이를 어렴풋이나마 짐작할 수 있었다.

"통역이 어렵다기보다는 감정 때문에 어려울 때가 있어요. 너무나 다르게 살아온 두 사람이 갑자기 온종일 붙어 있어야 하는 게 저도 힘들었지만 그 친구도 쉽지는 않았을 거예요. 완전히 새로운 환경에 적응해야 했으니까. 제가 그 어려움을 어느 정도까지 완화해줄 수 있을까를 많이 생각했어요. 선수이다 보니 승패에

따라 감정 기복이 굉장히 심하고, 때로는 제가 알 수 없는 이유
로 기분이 안 좋을 때도 있어서 그럴 땐 더 조심하게 되죠. 이 친
구가 오늘 왜 기분이 안 좋을까, 잠을 잘 못 잤나, 몸이 안 좋은가.
직접적으로 묻지는 못하지만 옆에서 끊임없이 생각하는 거죠. 타
국 생활이 힘들지 않게 최대한 도와주려고 했고, 이 친구가 덜 힘
들어하는 모습 또는 잘 적응한 모습을 보여주면 기분이 좋았어
요. 외국인 선수 복이 있었던 것 같아요. 듀크도 러츠도 모두 고
마움을 아는 친구들이었거든요. 관계에서 말 한마디가 굉장히 중
요한데 그 점을 잘 아는 친구들이었어요. 둘 다 지금도 자주 연락
이 와요."

교집합을 넓히다

번역을 한다는 건 함께 알겠다는 뜻이다. 나만 알아도 된다면
머릿속으로 이해하고 넘어가면 될 일이다. 적확한 대응어를
찾고, 다르게 읽힐 우려가 없는지 거듭 확인하며 새로운 언어
로 재구성하는 이유는 타인과 함께 알고 싶기 때문이다. 그런
점에서 번역은 공유다. 이지언은 그가 하는 번역에 관해 들려
주며 유독 공유라는 단어를 자주 말했다.

"외국인 선수가 오면 일단 용어를 정리하는 시간이 필요해요. 스
포츠 통역에서는 그게 가장 중요한 의사소통이에요. 배구에도

은어가 있거든요. 주로 기술적인 걸 표현할 때 쓰는데, 예를 들면 블로킹 사이로 피해서 잘 때리라고 말할 때 '빼때려'라고 하고, 똥창이라는 말도 있는데 라인 끝 코너 부분을 그렇게 불러요. 중계방송에는 절대 안 나오는 표현이지만 선수와 지도자들 사이에서는 많이 쓰거든요. 이런 용어를 외국인 선수와 공유해야 해요. 마찬가지로 영어에서도 나라마다 팀마다 심지어 지역마다 배구 용어가 다르더라고요. 그래서 외국인 선수가 오면 서로 용어 정리하는 시간이 일주일 정도 걸려요. 팀 스피드나 토스에 적응하는 훈련을 하면서 손 사인과 용어도 같이 익혀요. 어떤 동작을 해 보였을 때 '방금 그 동작을 영어로는 뭐라고 해? 우리는 이렇게 불러'라고 자연스럽게 정리를 하는 거죠. 일주일 정도면 웬만한 용어는 거의 공유가 돼요. 그리고 외국인 선수들도 한글 배구 용어를 웬만큼 외워요. 왜냐하면 작전타임을 못 부를 상황이거나 급박할 때는 코트 안에서 선수들끼리 호흡해야 하거든요. 그래서 기본적인 사인이나 용어는 다 알게 하죠."

이지언은 공유하는 일에 퍽 익숙해 보였다. 실제로 숙소 규정이나 훈련 규칙을 영어로 번역해 건네는 것은 스포츠 통역사의 업무 중 하나다. 훈련 일정표와 경기 전날 배포되는 상대 팀 분석지 역시 그의 손을 거쳐 외국인 선수에게 전달된다. 지금은 이런 문서들을 영어로 옮기는 일이 익숙하지만, 처음부터 그랬던 건 아니다. 입사 첫해에는 말 그대로 책상에 앉아 공부하듯 일을 배웠다고 말하며 이지언은 절레절레 고

개를 저었다.

"1년 차 때는 정말 힘들었어요. 그때는 한글로 된 배구 용어 중에서도 제가 모르는 게 너무 많았기 때문에 듀크 선수랑 같이 앉아서 정말 공부하듯이 했어요. 한국어랑 영어를 하나하나 짚어가면서요. 배구와 영어 공부는 지금도 계속해요. 내가 아는 한국어가 이만큼이고, 내가 아는 영어가 이만큼이면 그 중간의 교집합 안에서만 말을 꺼내 쓰는 느낌이 있어요. 2개 국어가 아니라 0개 국어를 하는 사람이 된 것 같은 느낌? 교집합을 더 키워야 한다는 생각이 들어서 공부를 계속하죠."

이지언은 현재 테솔(TESOL) 대학원에서 영어 교육을 공부 중이다. GS칼텍스 팀 내 영어 수업을 진행하며 선수들에게 큰 호응을 얻기도 했다. 그가 통번역대학원에 진학하지 않은 것이 의외였지만, 영어에 관한 전문성을 키우고 싶어 선택한 길이라고 했다. 그렇다고 통역을 부수적인 일로 생각한 적은 없다. 할 수 있는 만큼 오래 하고 싶은 일이 스포츠 통역이라고 이지언은 힘주어 말했다.

"이번 시즌도 계약을 했으니까 또 후회 없이 해보려고 해요. 배구가 워낙 좋아서 할 수 있을 때까지 오래 하고 싶어요. 국가대표팀 지원도 해보고 싶고, 남자 배구도 통역해보고 싶어요. 다른 의도가 있는 건 아니고요.(웃음) 여자 배구와 남자 배구는 얼마나 다를

여자 배구 통번역사의 마음

지 궁금해요. 애정을 갖고 외부에서 보는 것과 통역을 하면서 그 안에 참여하는 것은 다르거든요. 정교한 데이터와 전략으로 이루어지는 경기는 어떨지 한 번쯤 경험해보고 싶어요."

이지언을 만나기 전, 내가 떠올린 영화는 〈제리 맥과이어〉였다. 이지언과 러츠가 헤어지며 눈물 흘리는 장면에서 미식축구 선수 로드 티드웰과 그의 에이전트 제리 맥과이어가 부둥켜안고 울던 장면이 겹쳤기 때문이다. 그 영화를 한마디로 요약하면, 승부와 자본이 교차하는 냉혹한 세계에서 스포츠 에이전트와 선수가 나누는 우정에 관한 이야기쯤 될 것이다. 하지만 이야기를 나누다 보니 어쩌면 이지언이 그리는 엔딩은 영화 〈머니볼〉일 수도 있겠다고 생각했다. 데이터 분석에 기반한 경기 전략으로 메이저리그 최하위 팀이 20연승을 달성하는 이야기. 데이터와 전략을 말하는 이지언의 눈빛에서 어렴풋이 승리욕을 느꼈다면 과장일까.

"스포츠 통역사가 되고 싶어 하는 친구들에게 질문을 많이 받아요. 얻을 수 있는 정보가 별로 없어서 저도 꽤 힘들게 시작했기 때문에 제가 아는 선에서는 되도록 알려주려고 하는데, '이 직업이 이래서 좋아요, 저래서 좋아요'보다는 솔직하게 말씀드리고 싶어요. 외부에서 보기에는 마냥 좋아 보일 수 있지만, 특수한 집단 안에서 특수하게 일하기 때문에 배구에 대한 열정, 팀에 대한 열정, 그리고 책임감이 있어야 오래 할 수 있어요. 하지만 견뎌낸

여자 배구 통번역사의 마음

다면 의미도 정말 커요. 내가 좋아하는 분야에 직접 참여하면서 드라마의 일부가 되고 함께 열광할 수 있다는 것. 이런 건 어디서도 경험할 수 없죠."

스포츠가 세계 공용어라는 말을 이제야 알겠다. 공이 움직이는 동안에는 말이 없어도, 같은 언어를 쓰지 않아도 서로를 이해할 수 있다. 매서운 서브와 단호한 블로킹과 부드러운 토스로 선수들은 끊임없이 서로에게 말을 건네고 그들이 나누는 뜨거운 대화는 네트 너머 관중과 시청자에게 전해진다. 경기가 끝난 후, 공이 멈춘 시간을 채우는 것은 말로 하는 언어다. 활약에는 박수를, 실점에는 응원을 보내며 더 근사한 경기를 다짐하는 그 자리에 통역사가 있다. 외국인 선수에게 전해진 통역사의 말은 마음이 되고 경기에서 손끝과 발끝으로 표현되어 다시 뜨거운 대화를 만들어낸다.

체육 시간을 떠올린다. 내가 배운 체육은 내게 즐길 기회를 주지 않았다. 함양보다는 말살에 가까운 시간이었지만, 지금의 나는 배구를 좋아한다. 여자 배구였기에 가능했다. 승점을 내는 선수에게만 스포트라이트를 비추는 것이 아니라 벤치를 지키는 모든 선수에게 고루 관심을 주는 팀이 있기에 가능했고, 그래서 꼴찌도 1등이 될 수 있는 여자 배구이기에 가능했다. 여자 배구가 갑자기 예측 가능한 경기만 선보이는 일은 일어나지 않을 것이다. 여전히 분위기에 좌우될 것이고 1등과 꼴찌가 뒤바뀌는 반전 또한 계속될 것이다. 그러면 안 될 이유는 없다. 오히려 여자 배구 특유의 분위기가 관중에게 계속 질문을 던졌으면 한다. 스포츠에 대해 그동안 중요한 걸 잊고 있었던 것은 아닌지, 결과만 좇느라 정작 마음을 밀어두었던 것은 아닌지, 한때 온 골목을 누비며 웃고 떠들게 했던 스포츠를 언제부턴가 숫자로만 보게 된 것은 아닌지. 여자 배구는 참으로 즐길 만한 스포츠다.

샤론 최, 영화 통역사의 마음

이 글은 트레드밀 위에서 시작됐다. 『번역하는 마음』의 기획 의도를 다듬고 인터뷰이 라인업을 구상할 무렵, 나는 그동안 알려지지 않았던 분야의 통번역자를 찾아 이야기를 들어볼 생각이었고 그 안에는 샤론 최가 있지 않았다. 담당 편집자와의 논의 끝에 차츰 인터뷰이 목록이 완성되어가던 3월 중순의 어느 오후, 헬스클럽 트레드밀 위를 달리는데 편집자에게 전화가 걸려왔다.

"샤론 최는 어때요?"

샤론 최라니. 그의 인터뷰를 마다할 사람이 있을까. 그는 인터뷰를 하지 않기로 유명하다. 그를 인터뷰하지 못해 분석 기사만 써내는 국내외 언론이 즐비하고, 심지어 어느 SNS에서 자신을 모 신문사 기자라고 소개하는 이의 "샤론 최 연락처 구함" 게시글을 본 적도 있다. 기자도 못 하는 인터뷰를 하물며 내가 어떻게. "그럼 무라카미 하루키는 어때요?"라고 되물으려다 입을 다물었다. 편집자에게 "노"라고 말하는 일은 왜 이리 어려운가. 생각해보겠다고 말하고 전화를 끊었지만 생각하고 말 것도 없었다. 트레드밀 속도를 올리려는데, 내저은 시선 끝에 땀을 뻘뻘 흘리며 스테퍼를 밟는 남편의 모습이 들어왔다. 다리가 무거워 보이는 게 어지간히 힘든 모양이다. 그러게, 카페인을 좀 들이켜라니까. 수면에 방해가 된다며 맨정신으로 연신 허공의 계단을 오르는 남편이 어쩐지 그날따라 참으로 듬직해 보였다.

이 글에서 샤론 최와 만나게 된 과정을 낱낱이 공개할 수는 없다. 다만 나 못지않게 은둔 생활을 즐기는 남편은 가정의 평화를 위해 그날부로 영화계 지인들과 약속을 잡고 샤론 최를 최종

목적지로 설정했을 때 거쳐야 하는 인물의 연락처를 얻었다. 샤론 최에게로 가는 길의 중간 지점에 있던 이들조차 하나같이 인터뷰가 성사될 거라는 기대는 말라고 당부하는 걸 잊지 않았다. 나도 남편도 반론할 생각은 없었다. 그렇게 절반도 안 되는 기대만 품은 채 샤론 최를 기다렸다. 며칠 뒤, 휴대전화가 울렸다. 그의 이름이 뜬 액정 화면의 모습은 몹시도 초현실적이었다. 그렇게 4월의 어느 날, 나는 샤론 최와 만났다.

불같은 관심과 강 같은 평화

관심을 바라는 것은 인간의 본성이다. 관심은 고립의 반대말이자 돈과 명예를 가져다주는 무시할 수 없는 힘이며 그 힘을 부정하는 것은 위선일 것이다. 그러니 관심에 끌려가지 않고 자기 삶을 지켜내는 사람이 있다면 존경할 만하지 않을까. 모두가 샤론 최를 궁금해했다. 뉴스에서도 예능에서도 신문에서도 유튜브에서도 심지어 자신의 이야기를 들려주던 이 책의 다른 인터뷰이들조차 샤론 최를 말했다.

막상 샤론 최는 세상의 관심에 초연해 보였다. 지구에서 가장 관심 받는 통역사라기보다는 예쁘고 공부 잘했던 중학교 시절 내 친구가 떠올랐다. 화면에서 보던 이미지 그대로 검은색 옷차림이었지만, 화면에서보다 키는 커 보였다. 노란색 책장으로 둘러싸인 라운지에 들어서자마자 샤론 최는 탄성을 내질렀다. 약간 느려진 걸음걸이에 약간 높아진 톤으로 "이런 곳은 위험해요"라고 말하며 샤론 최가 이끌리듯 멈춰 선 자리는 롤랑 바르트의 책 앞이었다. 읽고 싶은 기색이 역력한 그를 애써 인터뷰 자리로 안내했다. 늘 가운데에서 조금 비켜난 자리에 섰던 그가 그날은 테이블 가운데에 앉았다.

첫 질문과 답변은 이미 주고받은 후였다. 사전 질문지를 보내기 전, 나는 그에게 어떻게 불리기를 원하는지 물었다. 어느 인터뷰에선가 샤론 최로 불리는 일이 어색하다고 말한 걸 읽었기 때문이다. 그는 성재를 선택했고 이후 나는 줄곧 그를 성재라는 이름으로 불렀다. 물론 님 자를 붙여서. 호명하는 방식에는 많은 것이 얽혀 있다. 일본식 성명 강요까지 갈 것도 없이 상대방에 대한 호칭이 관계의 성격을 규정하는 경우는 상당히 많다. 나는 그가 원하는 이름으로 그를 부르는 것에서부터 인터뷰를 시작하고 싶었다. 최성재 역시 호명에 관해 오래 생각한 듯했다.

"처음에는 정말 오글거렸어요, 한국에서 샤론 최라고 불리는 것이요. 마치 미국인이 미국식 발음으로 제게 '헤이, 썽재' 하는 것과 비슷한 느낌이 들었어요. 지금도 좀 어색하지만 예전보다는 익숙해졌어요. 분기별로 목표를 세우는 편인데, 이번 분기 목표가 샤론 최라는 이름을 부끄러워하지 않는 거예요. 정말 많은 분들이 저를 샤론 최라고 부르시는데 일일이 '최성재로 불러주세요' 하는 것도 이상하잖아요.(웃음)"

인터뷰에 인색한 최성재에 관해 알려진 정보는 많지 않다. 그나마 사전 질문지를 만들 수 있었던 건 그가 쓴 기고 덕분이었다. 미국의 영화 잡지 《버라이어티》에 기고한 글에서 최성재는 〈기생충〉을 통역하며 느낀 소회와 더불어 언어와 영화의 의미에 관해 썼다. 물론 자신의 이야기였다. 어린 시절 한 시기를 미국에서 보내고 한국에 돌아온 최성재는 한국인이라기에는 너무 미국적이고 미국인이라기에는 너무 한국적인 자신의 정체성에 오랫동안 혼란스러웠다고 했다. 많은 문장에 메모를 했지만 내가 가장 궁금했던 문장은 이것이었다. "언어 사이를 오가는 일을 직업으로 느낀 적은 없다. 그건 내가 아는 유일한 삶의 방식이었고, 나는 20년 동안 나 자신의 통역사였다." 내가 나를 통역한다는 것은 어떤 의미일까.

　　"아주 간단하게 말하면, 그게 어떤 언어든 한 가지 언어만 쓸 때는 불편해요. 제가 하고 싶은 말을 편하게 하려면 한국어와 영어를 섞어 쓰는 수밖에 없어요. 말을 하다가 머뭇거리거나 중간에 잠깐 말이 없을 때가 있는데, 그때가 머릿속에서 영어를 한국어로 통역하는 중인 거예요. 미국인과 대화할 때도 마찬가지예요. 머릿속에 떠오른 한국어를 영어로 통역하느라 머뭇거리는 시간이 있어요. 어떤 말로 하든 언어 안에 갇힌 기분이 늘 들어요. 사람이 언어를 사용하는 게 아니라 언어가 사람을 사용한다는 생각이 들어요. 혼자서 글을 쓸 때는 이런 구속에서 벗어나서 자유롭게 써요. 그러다 보니 문장 한 줄에 한국어와 영어가 섞여 있어요. 그런데 사람들과 대화할 때 그렇게 말하면 재수 없잖아요.(웃음) 정확하게는 예의가 아니라고 생각해요. 상대방이 원하지 않거나 이해하지 못할 수도 있는데 무턱대고 영어를 쓰는 건 듣는 사람을 배려하지 않는 소통 방식이라고 생각하거든요. 제가 조금 전에 머뭇거린다고 말씀드렸는데 그게 사실은 어휘력과 연결되는 문제예요. 저와 처음 대화하는 분들은 잘 모르시지만, 한 번 더 대화를 나눠보면 뭔가 어색하게 느껴진다고 하시거든요. 예를 들면 제가 말끝을 흐리는 버릇이 있어요. 한국어 어미 선택이 너무 어려워서요. 영어로 말할 때는 전치사가 어려워서 자주 이상하게 쓰고요. 그런 식으로 원어민 같으면서 원어민이 아닌 티가 조금씩 나요. 그래서 저는 제가 한국어와 영어 둘 다 70~80퍼센트만 할 줄 안다고 생각해요."

최성재에게서 들을 줄은 생각지도 못한 말이었다. 세계가 극찬하는 바이링구얼 통역사가 자신의 언어 실력을 70~80퍼센트밖에 안 된다고 생각하다니. 외국어를 모르는 사람은 모국어도 제대로 알지 못한다고 말한 사람은 괴테다. 최성재가 한국어도 영어도 불완전하다고 느끼는 이유는 아마도 두 언어를 모두 알기 때문이 아닐까. 아무리 그래도 70~80퍼센트라니 너무 박하다. 그러니까 내가 여기서 하고 싶은 말은 질투에 관해서다. 그는 겸손한 걸까, 자신에 대한 기준이 높은 걸까.

영화 통역사의 마음

"둘 다일 거예요. 저는 자존감과 늘 싸움을 해요. 나에게 굉장히 엄격하고 나를 싫어하는 버릇이 있어요. 늘 내 문제점을 찾아요. 자꾸만 내면의 평화를 외치는 이유가 저에게 내면의 평화가 없기 때문이거든요. 〈기생충〉 통역할 때 '가면 증후군'이 정말 심했어요. 제가 계속 사기를 치는 것 같았어요. 나는 아무것도 아닌데, 그냥 서 있다가 통역을 했을 뿐인데 왜 나한테 이렇게 관심을 주지? 사람들이 좋아하는 건 내가 아니라 〈기생충〉이고 봉 감독님일 텐데 왜 자꾸 내 이름이 언급되는 거지? 그래서 계속 숨고 싶었어요. 실제로 작년에는 좀 숨어서 지냈고요. 샌드라 오 인터뷰는 제가 그분을 너무 좋아해서 했던 거고 그 후에는 드러나는 일을 안 했어요. 지금도 피하고 있고. 가면 증후군 때문이기도 하고 또 제가 궁극적으로 하고 싶은 일이 통역이 아니기 때문이기도 해요. 그런데 가면 증후군을 겪는 사람은 주로 여성이더라고요. 성공한 여성 대부분이 한 번쯤은 겪는 것 같아요."

가면 증후군. 빛나는 성취를 이루고도 자신의 능력을 믿지 않고 오히려 자신의 보잘것없는 본모습을 언젠가 들키지 않을까 불안해하는 심리. 가면 증후군에 대해 연구한 미국의 심리학자는 이 증상이 성공한 여성들에게 많이 나타난다고 했다. 나는 여성의 가면 증후군에 대해 특별히 이런 설명을 덧붙이고 싶다. 나서면 안 된다고 배워온 여성이 특출한 능력으로 본의 아니게 전면에 나서게 됐을 때, 나서면 안 된다고 말한 세상을 탓하는 대신 자신의 능력과 그걸 알아봐준 사람들을 의심하는 심리라고. 학습이 이렇게 무섭다. 나는 이다혜 기자가 『출근길의 주문』에서 가면 증후군에 관해 쓴 문장을 최성재에게 들려주었다. "내가 얻는 좋은 기회는 과거의 퍼포 먼스의 결과다. 고마워해야 할 대상이 있다면 과거의 나뿐이 다." 이 문장이 실린 글의 제목은 「성공이 두려운 기분」이다. 최성재는 큰 소리로 맞장구치며 웃었다.

가면 증후군도 이유 중 하나였을까. 〈기생충〉 이후 최성 재에게 쏟아진 찬사의 양과 질은 누가 겪더라도 진정하기 어 려운 것이었다. 하지만 최성재는 갈채에 쉽게 응하지 않았다. 그가 세상이 비추는 스포트라이트 한가운데에 섰다면 지금쯤 방송가며 광고계가 온통 샤론 최라는 이름으로 도배되고도 남았을 텐데.

"제가 한국에 돌아와서 가장 많이 만난 친구는 저에 관한 영상을 하나도 안 봤대요. 오글거려서 못 보겠다고. 그 친구에게 '야, 나 이런 제안 받았어'라고 하면 이런 반응이에요. '네가? 네가 그걸 왜 해?'(웃음) 그렇게 저를 평소와 똑같이 봐주는 친구들을 곁에 두는 게 저에게는 굉장히 중요했어요. 이 업계가 화려해서 그런 지 모르겠지만, 갑자기 유명해지면 주변에서 신처럼 대접을 해줘 요. 그게 정말 위험하다고 생각하거든요. 중심을 잘 잡으려면 장 기적으로 보는 게 중요하다고 생각했어요. 왜냐하면 10년 전에 유명했어도 지금은 기억이 잘 안 나는 분도 있고, 수면 위로 올라 왔다가 다시 잊히기도 하잖아요. 인연도 복도 돈도 유명세도 다

영화 통역사의 마음

오고 가는 거라고 생각해요. 결국 중요한 것은 내가 무엇을 원하는가, 나는 어떤 사람이고 무엇을 이루고 싶은가. 나를 잘 아는 게 중요하죠. 작년에 조용히 지내면서 그런 생각을 많이 했어요. 이름이 한번 나니까 너무 혼란스러웠거든요. 그래서 오히려 내면으로 파고드는 시간을 보냈어요. 중심을 잃지 않으려고 노력을 많이 했어요."

내면의 평화. 그가 〈킬링 이브〉에 출연한 샌드라 오와 인터뷰한 영상을 보며 유독 귀에 들어온 단어가 내면의 평화였다. 왜 아니겠는가. 어서 나와 얼굴을 보여달라고 문을 두드려대는 사람들을 밖에 둔 채 내면의 평화를 유지하며 문안에 머무르는 일이 쉬울 수는 없다. 최성재는 급격한 고도 상승에 대처하는 일에 관해 쓴 적이 있다. 영화학도였던 그는 〈기생충〉을 통역하기 위해 칸 영화제에 참석한 뒤 잠깐의 틈을 타 친구의 졸업 작품 촬영을 돕고 다시 통역사로서 텔루라이드 영화제에 참석하는 비행기에 올랐던 경험을 회상하며 "고도 상승이 너무 급격해 산소 탱크가 필요할 정도였다"라고 썼다.

"굉장히 좋은 비유인 것 같아서 썼는데(웃음) 실제로 산소 탱크가 필요하기도 했어요. 텔루라이드가 고도가 굉장히 높은 곳이라 숨을 못 쉬겠더라고요. 물론 비유의 의미도 있고요. 업계에서 맨 밑바닥에 있다가 갑자기 맨 위로 올라갔으니까요. 중심을 잃지 않으려면 나다운 일, 내가 이루고 싶은 일을 하는 게 중요하다고 생

영화 통역사의 마음

각해요. 일에 관해서는 영화를 찍는 거죠. 제 영화를 찍는 것. 그 외에는 내면의 평화와 사랑하는 사람들과 같이 있는 것 두 가지 밖에 없어요. 어쩌면 이 두 가지가 영화를 만드는 일보다 더 어려울 수도 있을 것 같아요. 이렇게 정리를 하고 나니까 많은 것들이 명료해지더라고요. 요즘 제 목표 중 하나가 '작은 성취 하기'거든요. 오스카라는 큰일을 마치고 나니까 모든 게 다 재미가 없고 뭘 해도 뿌듯하지가 않았어요. 그래서 작은 성취감을 느끼는 연습을 하고 있는데 뜨개와 십자수와 컬러링이 정말 좋더라고요. 머리를 비울 수 있어서요. 예전에는 내면이 왜 이렇게 힘들까, 왜 이렇게 복잡할까 원인을 찾으려고 했어요. 그런데 원인이 중요한 게 아니더라고요. 원인에서 너무 멀리 오기도 했고요. 자꾸 원인을 찾으려고 하기보다 증상을 치료하는 게 낫다는 생각이 들었어요. 명상과 규칙적인 생활도 도움이 많이 됐어요."

공감이 없으면 번역도 없다

중국인 어머니와 미국인 아버지 사이에서 태어난 소년이 있다. 어머니가 곧 세계였던 시절에 소년은 어머니와 중국어로 말했다. 하지만 미국 사회에서 커가는 동안 소년은 어머니와 멀어졌다. 급기야 소년이 영어로만 말하기 시작했을 때, 어머니는 아들에게 이렇게 말한다. "love(러브)라고 말할 때는 그 말을 입으로 느끼지만, 愛(아이)라고 말하면 가슴으로 느낀단

다." 작가 켄 리우는 『종이 동물원』에서 번역의 한계를 말하는 동시에 번역을 기적이라고 썼다. 번역을 거치며 아무리 많은 것을 잃는다고 해도 우리의 정신은 어떻게든 서로에게 닿는다고. 비록 짧고 불완전할지라도 우리는 그런 기적을 바라며 살지 않느냐고.

"『종이 동물원』의 서문은 번역에 관한 짧지만 굉장히 아름다운 글이에요. 켄 리우가 이야기한 것처럼 사실 생각해보면 말이 안 되잖아요. 내 안에 있는 생각과 상대방 안에 있는 생각이 닿는다는 것이요. 상대방이 내 안에 있는 것을 이해할 거라고 생각하는 것 자체가 얼마나 마법 같은 일이에요. 그런데 결국 그게 번역이죠. 우리는 언어를 사용해서 그걸 전달하지만, 영화도 마찬가지라고 생각해요. 그래서 영화를 또 하나의 언어라고 하는 것이고요. 제가 영화에서 원하는 것도 그런 기적이에요."

최성재에게 공감은 중요한 키워드인 것 같았다. 그는 기고에서 "공감은 언제까지고 타자인 이들 사이의 간극을 메운다. 나는 조금 덜 외롭기 위해 이야기꾼이 되려 한다"라고 썼다. 어느 인터뷰에서는 "GV에 오는 관객들은 영화에 관한 정보를 얻으러 오는 것이 아니라 감독이 어떤 표정과 말투로 말하는지, 어떤 분위기를 지닌 사람인지 보러 오는 것이다"라고 말한 적이 있다.

샤론 최,

"통역이나 번역을 할 때 가장 중요한 부분이 공감이라고 생각해요. 일단 글쓴이의 의도에 공감하고 글쓴이가 느끼는 것을 온몸으로 느낀 다음 그의 무의식까지 파악해야겠죠. 글쓴이가 왜 이 단어를 썼는지, 왜 이런 식으로 단어를 배치했는지. 왜 문장을 이렇게 끝맺었는지 파악할 수 있어야 완벽한 번역이 나온다고 생각해요. 글쓴이에게 공감하지 않고서는 조악한 번역만 가능하니까요."

번역에 관한 최성재의 생각을 들으니 전화로 주고받았던 대화가 떠올랐다. 최성재는 이 인터뷰가 번역에 관한 요란하지 않은 대화일 것 같아 마음이 움직였다고 말하며, 자신역시 대학교 시절 번역 아르바이트를 많이 했다고 덧붙였다. 최성재가 경험한 번역은 어땠을까.

"대학교 때 닥치는 대로 번역을 했어요. 번역 에이전시들이 많잖아요. 홍보 문서, 화장품 성분 분석 보고서, 논문, 거기다 게임 번역도 꽤 많이 했고요. 정부에서 하는 프로젝트 관련 문서나 대학교 웹페이지도 번역했어요. 미국에서 일을 할 수 있는 신분이 아니었기 때문에 무조건 한국 회사와 일을 해야 했거든요. 한국어를 영어로 번역했었고, 할 수 있는 장르라면 가리지 않았어요. 에이전시도 꽤 여러 곳과 거래를 했는데 처음에는 번역료도 많이떼였어요. 고약한 에이전시들이 많더라고요. 그런 곳은 일단 계약서를 안 쓰는 건 기본이고 심지어 1년 전에 작업한 건에 대해서 번역료를 환불해달라고도 하고. 번역 쪽에 체계가 없다는 걸 그때 알았어요. 프리랜서로 일하는 시스템이 굉장히 위험하다는 것도요. 제대로 된 계약 관계라든지 고용 시스템이 전혀 없었는데, 그때는 제가 학생이었고 을의 입장이었기 때문에 어쩔 수 없었죠. 생활비를 계속 벌어야 했으니까요. 그런 경험은 너무 많아요. 그러다 한 5년 정도 일하니까 다 걸러지고 세 군데 정도가 남더라고요. 꾸준히 좋은 일감만 주고 입금도 제때 해주는 에이전시와는 오래 일했어요."

출판 번역으로 벌 수 있는 수입이 기술 번역보다 낮다고 말하니 최성재는 무척 놀랐다. 내가 궁금한 건 통역계는 번역계보다 나은가였다. 이런 궁금증을 갖게 된 건 샤론 최에 관한 뉴스를 보면서였다. 화려한 조명 속에서 봉준호 감독 옆에서 근사하게 통역을 하는 최성재를 보며 문득 그의 근무 환경이 궁금해졌다. 번역과 달리 통역은 순간적인 에너지 소모가 큰 작업이고 그래서 연사 한 명에 여러 명의 통역사가 참여하는 경우가 많은데, 화면에서 본 최성재는 봉준호 감독을 비롯해 다른 배우들의 통역까지 혼자 해내는 것처럼 보였다. 〈기생충〉을 통역하면서 한계를 느낀 적이 없었는지 묻자 최성재는 이렇게 답했다.

"정말 힘들었어요. 후반부로 갈수록 면역력이 떨어져서 시상식 무대 뒤에서는 늘 아팠어요. 특히 오스카 때는 이틀에 한 번씩 수

액을 맞았던 것 같아요. 5월 칸부터 시작해서 8월, 그리고 12월부터 2월까지 계속 일했으니까요. 그때는 매일 한계를 느꼈는데 특히 런던에서의 하루가 기억이 나요. 아침 일찍부터 오후까지 봉 감독님 통역을 하고 저녁에는 배우들을 통역하고 밤에는 질의응답을 통역한 적이 있어요. 말 그대로 열 몇 시간을 계속 통역한 거예요. 제가 무대 공포증이 심해서 거기에 대한 에너지 소모도 컸어요. 그래서인지 통역하다 보니까 저도 모르게 침을 흘리고 있더라고요.(웃음) 그때는 앉을 힘도 없었어요. 앉으면 다시 일어나야 하잖아요. 그날 일정 다 마치고 저도 모르게 환호를 지른 기억이 나요. '끝났다!' 이렇게요. 어떻게 보면 굉장히 프로답지 못한 행동인데 저도 모르게 그렇게 되더라고요."

내 생각에 최성재는 도피나 술수와는 거리가 멀고 투쟁이나 대결도 좋아하지 않을 것 같다. 도망치거나 싸우는 대신 세상의 일부로 살아가는 리듬을 찾고 자신의 내면에 집중하는 사람에 가까워 보였다. 눈에 보이는 것보다는 내부로부터 해답을 찾는 사람. 최성재의 내면을 이루는 큰 줄기는 영화였으므로 그가 하는 통역의 입구도 출구도 모두 영화일 수밖에 없었다.

"처음 통역한 영화는 〈남한산성〉이었어요. 그때 진행이 잘돼서 이창동 감독님의 〈버닝〉을 연결해주셨고, 〈버닝〉 팀에서 〈기생충〉 팀을 연결해주셨어요. 통역을 의뢰하는 분들이 제게 뭘 기대

영화 통역사의 마음

할까를 생각해보면, 그저 말을 전달하는 것이 아니라 '영화를 아는 사람이 내 말을 전달했으면 좋겠다'이거든요. 그러면 통역 이전에 먼저 영화로 들어가는 게 맞는 것 같아요. 많든 적든 영화 현장에서 일해본 사람만 아는 단어들이 있어요. 그런 것들이 중요할 때가 있고요. 어느 분야나 마찬가지일 거예요. 그래서 영화를 전혀 경험해보지 않고 영화 통역을 한다? 좀 어려울 수도 있어요. 통역을 잘하는 비결은, 저도 알고 싶어요.(웃음) 저는 통역에 대한 훈련이나 공부를 따로 해본 적이 없고 정말 무식하게 했기 때문에 제가 통역을 잘했는지 못했는지에 대한 감이 없어요. 말 그대로 본능적으로 한 거라서. 사람을 두 종류로 나누면 자기 말을 하는 사람이 있고, 다른 사람 말을 듣는 걸 좋아하는 사람이 있잖아요. 저는 후자인 것 같다는 생각은 해요. 분위기를 잘 읽는 것 같기도 하고요. 그런 자질은 통번역에 필요하거든요. 일단 통역이든 번역이든 말하는 사람이나 글 쓴 사람의 의도를 정확하게 간파해야 그걸 전달할 수 있고, 그러려면 잘 듣는 게 먼저니까요. 그렇게 생각하면 통역을 잘하는 비결은 아마도 잘 듣는 게 아닐까 싶어요. 다만 내 언어를 찾는 연습은 필요하죠. 결국 통역은 아웃풋이 중요하잖아요. 내가 아무리 잘 이해했어도 입 밖으로 나온 말이 안 좋으면 통역의 질이 떨어질 수밖에 없어요. 아웃풋을 잘 내려면 영화에 대해 말하는 연습, 영화에 대한 내 언어를 찾는 연습을 많이 해야 한다고 생각해요. 다행히 제가 대학교 때 영화 이론을 공부하면서 훈련한 게 그거라 도움이 많이 됐어요. 영화에 관해서 토론하고 글 쓰는 훈련을 한 덕분에 통역이 훨씬 수월했다고 생각해요."

최성재는 기고에서 봉준호 감독의 통역을 위해 칸으로
와달라는 연락을 받았을 때의 소회를 밝히며 "통역은 신성하
다"라는 말을 언급했다. 영화 〈옥자〉 속 대사였다. 〈옥자〉에
서 배우 스티븐 연은 한국인 소녀와 미국인 동료 사이에서 통
역하는데, 동료들이 원하는 방향으로 상황을 만들기 위해 소
녀의 말을 의도적으로 오역한다. 그 결과 의도한 방향보다 훨
씬 무서운 대가를 치른 뒤 반성하며 자신의 팔에 문신으로 새
겨 넣은 문장이 "통역은 신성하다"이다. 최성재는 영화 속 이
대사를 어떻게 이해했을까.

> "굉장히 힘 있게 들렸어요. 심지어 그 대사를 강조한 감독님은 정
> 작 통역사가 아닌데도 통역은 신성하다고 생각하시더라고요. 고
> 마운 마음도 들었고요. 하지만 한편으로는 신성이라는 표현은 너
> 무 무겁게 간 것 아닌가 하는 생각도 해요. 통역은 무에서 유를
> 만드는 창작이 아니라 누군가의 말을 맥락 그대로 전달해주는 건
> 데 거기에 신성이라는 말을 붙여도 괜찮을까…."

언어에는 한계가 있다. 생각을 확장하기도 하지만 생각
을 가두기도 한다. 최성재는 두 언어 모두를 불완전하게 쓰
는 것이 그를 어중간한 사람으로 만든 것 같다고 했다. 영상
에 관심을 갖게 된 건 그래서였다. 언어 없이도 의미를 전달

할 수 있으니까. 알려진 대로 최성재는 영화감독 지망생이다. 그의 말처럼 신성이라는 단어가 무로부터 창조된 대상에 어울리는 것이라면, 그가 머릿속에 그린 신성한 대상은 영화일 확률이 높다. 어쩌면 최성재는 번역에 관해 말하기보다는 번역을 통해 영화를 말하고 싶었던 것이 아닐까. 인터뷰 초반에 자신이 하는 모든 일이 영화를 위한 것이라고 밝히기도 한 그였다. 최성재에게 영화란 무엇일까. 조금 더 직접적으로, 최성재는 어쩌다 영화에 빠지게 됐을까.

"어릴 때 잠을 잘 못 잤어요. 책을 읽기에는 너무 몽롱하고, 그냥 생각 없이 시간을 보내고 싶어서 영화를 보기 시작했어요. 집과 학원만 왔다 갔다 하는 현실이 너무 지루하고 답답했거든요. 영화를 보면 다른 삶을 엿볼 수 있었어요. 세상은 사실 내가 아는 것보다 훨씬 넓은 곳이라는 걸 확인받고 싶었던 것 같아요. 위로를 받았던 영화들이 많아요. 특히 언어 문제로 혼란을 겪을 때 영화에서 굉장히 큰 위안을 받았는데, 주로 대사가 적은 영화들이었어요. 타르콥스키 감독이나 구스 반 산트 감독의 1990년대 영화들 또는 음악영화들이요. 〈벨벳골드마인〉, 〈헤드윅〉 같은 작품들도 정말 좋아했어요. 이렇게나 좋아하는 게 있으니 내 인생을 여기에 바쳐야겠다고 생각했죠. 그때부터 꼭 영화를 해야겠다고 마음먹었어요."

영화 통역사의 마음

두 개의 이름과 자화상

두 언어를 아는 일은 멋지다. 언어가 곧 세계라면, 두 언어를 아는 것은 두 세계를 안다는 말일 테니까. 세상이 넓다는 것을 확인받고 싶어 영화를 사랑하게 된 최성재라면 더 많은 언어를 구사해 더 많은 세계를 경험하고 싶지 않았을까. 하지만 그건 단일 언어 구사자가 이중 언어 구사자를 바라보는 천진한 시선일 수 있다. 1+1이 반드시 2인 것은 수학의 세계에서 가능한 공식이다. 삶에서 1+1은 0이 될 때도 있다. 아니, 숫자는 어울리지 않는 비유 같다. 빨간색과 파란색을 섞으면 보라색이 나온다는 건 이론일 뿐 실제로 나온 색은 지나치게 푸르스름한 청보라색일 수도, 먹색에 가까운 검보라색일 수도 있다. 한국어와 영어라는 두 세계가 섞여 만들어진 색은 명도가 너무 낮아서 어느 시기 최성재의 바탕색을 완전히 가리기도 했다.

"저는 어릴 때 제 자아가 두 개라고 생각했어요. 샤론 최와 최성재는 성격도 달라요. 제가 초등학교 1학년 때까지 한국에 있었는데 그때 담임선생님이 엄격한 분이셨어요. 예의를 굉장히 중요하게 생각하시고 특히 여자아이에게는 더 엄격한 분위기가 있었죠. 그러다 미국 학교에 가니까 선생님들이 학생을 껴안아주고 학생은 선생님을 이름으로 부르더라고요. 최성재로 불렸던 한국에서는 격식과 예의에 억눌려 있었다면, 샤론 최로 불렸던 미국 학교에서는 훨씬 가볍고 사교적인 사람으로 지냈던 것 같아요. 그러다 보니 최성재라는 이름 안에는 딱딱한 한국식 문화가 얽혀 있는 것 같았고 그걸 버리고 싶었어요. 그래서 대학교 때 미국에 다시 갔는데, 막상 미국에서 생활해보니 제가 너무나 최성재인 사람이더라고요. 그런 제 모습이 혼란스러웠어요. 다행히 나이가 들면서 둘이 점점 하나가 되어가는 것 같고, 지금은 저에게 두 개의 자아가 있다는 생각은 안 해요. 또 〈기생충〉을 통역하면서 사람들이 샤론 최와 최성재를 섞어서 불러준 것도 두 자아가 합쳐지는 데에 도움이 됐다고 생각해요."

그가 2019년에 만든 〈자화상(Self Portrait)〉이라는 필름에는 당시의 불안이 담겨 있다. 여자는 물 없는 수영장에서 마른 헤엄을 치고, 좁은 욕조 안에서 애써 잠수를 한다. 발가벗은 모습 곁에 지나치게 큰 창이 나 있는가 하면, 마주 본 거울에는 얼굴이 비치지 않는다. "성재야"라고 불리던 어린 시절을 뒤로한 채, 여자는 진입 금지 표시등이 점멸하는 계단을 올라 어둠 속으로 들어간다. 금방이라도 꺼질 듯한 성냥불에 밝혀진 여자의 얼굴은 과도하게 클로즈업된 나머지 눈만 또는 코만 보인다. 그마저 이내 어둠 속에 잠기고 성냥불만 남는다. 다시 재생된 어린 시절 영상 속에서 할아버지의 목소리가 들린다. "성재야, 할아버지 봐. 성재야, 카메라 봐." 할아버지의 말에 응답이라도 하듯 아이는 빠끔한 눈으로 카메라를 본다. 그리고 이제는 어른이 된 여자가 의자에 앉아 카메라를 정면으로 응시한다. 5분 남짓의 이 짧은 영상에는 "한 여성이 내면을 찾아가는 여정을 다룬 실험적 영상"이라는 소개말이 적혀 있다.

"미국 생활을 접고 한국에 들어오자마자 만든, 영화라고 부르기도 민망한 그냥 비디오 작품이에요. 제목 그대로 그 시기의 제 자화상이요. 미국에서 지낼 때 방치했던 제 정체성을 직면하면서 느낀 공포, 두려움, 나약함 같은 감정을 좀 실험적으로 풀었어요. 어디에 가도 집이 없는 느낌? 물리적인 집인 한국을 떠나 마음의 집이라고 생각한 미국에 갔는데, 거기도 완전한 집은 아니었거든요. 이도 저도 아닌 어중간함이 제 정체성의 가장 큰 부분을 차지해요. 언어뿐 아니라 다방면으로요. 젠더도 그래요. 여자로 살고 있지만 남자 같은 면도 많고. 음악 취향이나 영화 취향도 그렇고요. 그래서 길을 잃은 사람들, 어중간함 때문에 계속 다른 걸 찾으려는 사람들과 항상 협동하고 싶어요. 이 글이 그런 분들에게 읽히면 좋겠어요. 어중간한 그 자리도 괜찮다, 굳이 하나를 선택해야 할 필요는 없다, 무엇보다 당신이 지금 있는 곳이 당신의 자리라고 말해주고 싶어요, 그게 어디든."

최성재는 20년간 자신의 통역사였다. 말할 수 없지만 존재하는 것 앞에서 오랫동안 머뭇거렸을 그의 모습을 생각한다. 기대와는 다르고 얼마만큼 낯설었을 세계 속에서 자신을 통역하는 동안, 아직 분석되지 못한 내면과 너무 빨리 입 밖으로 나와버린 말 사이의 거리감에 좌절하며 수없이 말을 고치고 다듬었을 그의 모습을 상상한다. 그럼에도 세상과의 조화를 잊지 않은 채 자신의 깊이에 몰두했던 시간, 자신에게서 너무 멀어지지 않고 늘 되돌아옴을 생각했던 시간들 한편에 그림자처럼 함께했을 통역을 생각한다.

샤론 최,

영화 통역사의 마음

김효근, 출판 번역가의 마음

열 명의 인터뷰이 중 한 명은 출판 번역가가 될 것이라는 정도의 두루뭉술한 계획만 있었을 때, 가장 큰 걱정은 모 아니면 도가 될까 봐였다. 인터뷰이가 아니라 내가. 번역 못 해먹겠다는 말을 입에 달고 사는 사람이 11년째 번역을 하고 있다면 그 과정에 얼마나 많은 일이 있었겠는가. 나와 결이 비슷한 인터뷰이를 만나 출판 번역계의 문제점과 나아갈 방향에 대해 일장 토론을 벌이거나 나와 전혀 다른 인터뷰이를 만나 고개만 끄덕이고 오거나 둘 중 하나가 될 공산이 컸다. 일장 토론이 좋은가 하면 알 수 없다. 규탄이든 하소연이든 일단 책에 실을 수 있는 내용이어야 할 텐데, 그걸 생각하다 보면 제대로 말할 수 없기 때문이다. 고개만 끄덕이고 온 인터뷰로 원고지 70매 분량의 글을 쓰기는 또 얼마나 고역일까. 중이 제 머리 못 깎는다고, 나는 결국 출판 번역가를 선정하는 일은 편집자에게 의지하기로 했다. 편집자는 인터뷰이 후보 중 한 명으로 김효근을 말하며 이런 소개말을 덧붙였다. 책을 직접 고르고 번역하고 출간하는 번역가라고.

번역가는 만족도가 높은 직업이다. 한국고용정보원이 매년 직업 만족도를 조사할 때 기준으로 삼는다는 사회적 평판, 직업 지속성, 발전 가능성에 비추어봐도 그렇다. 스페인어를 영어로 옮기는 번역가 그레고리 라바사는 「명예로운 일용직 노동자」라는 글에서 "사기꾼, 거짓말쟁이, 부르주아 장사꾼들이 넘쳐나는 이 세상에서 그래도 우리는 명예로운 일을 하고 있는 것이다"라고 썼다. 누군가 내게 출판 번역가로서의 직업 만족도를 묻는다면 나도 꽤 높은 점수를 줄 것 같다. 거기에 가장 크게 기여하는 항목을 꼽으라면 내 경우는 수행 직무 만족도다. 하는 일의 내용이 마음에 든다는 뜻이다. 책과 외국어와 읽고 쓰기를 좋아하는 사람에게 출판 번역만큼 즐기면서 할 수 있는 일이 또 있을까.

그럼에도 한 가지 아쉬운 점이 있다면 선택의 문제일 것이다. 누가 그랬더라. 인간에게 선택이 중요한 이유는 출생에 관해 어떠한 선택도 하지 못한 채 태어났기 때문이라고. 출판 번역가가 무엇을 번역하고 번역하지 않을지 선택하기는 쉽지 않다. 번역가가 선택할 수 있는 어휘가 원문에 쓰인 어휘에서 벗어나기 어려운 것처럼, 번역가가 번역하기로 선택한 작품은 출판사가 출간하기로 결정한 작품 목록에서 벗어날 수 없다. 번역가에게 가능한 것은 제한적인 선택이다. 그러므로 선택지를 넓히고자 끊임없이 노력하는 번역가들을 나는 존경한다.

내 생각에 번역가가 번역할 작품에 대한 선택지를 넓히는 방법은 세 가지다. 아주 유명한 번역가가 돼서 기획하는 족족 출간하겠다는 출판사가 나타나게 하거나, 출판사가 내 기획을 받아줄 때까지 기획서를 보내거나, 직접 출판사를 차리는 것이다. 이 중 첫 번째는 의지나 노력 차원에서 논할 수 있는 문제가 아니므로 넘어가기로 한다. 두 번째 방법을 실행하기 위해서는 지피지기의 자세, 그리고 기획이란 거절당하기 위해 하는 것이라는 대단히 자기기만적인 세뇌가 필요하다. 이 두 가지를 지속한다면 우주의 이치상 기회가 온다. 정말 어려운 건 세 번째다. 번역가가 내 책을 번역하겠다고 출판사를 차리는 일. 그렇게 하면 원하는 책을 마음껏 번역할 수 있을 것 같지만, 목마른 사람이

바닷물을 퍼마시는 일과 다르지 않음을 머지않은 미래에 깨닫게
될 확률이 높다.

　　나는 우물을 파는 일에 성공한 목마른 자를 만나러 가는 길
이었다. 아마도 그는 성공이라는 말에 손사래를 칠 것이다. 인터
뷰의 콘셉트를 설명하는 메일을 보냈을 때, 인터뷰이로 자격이
있는지 모르겠지만 열심히 해보겠다는 답장을 보내왔던 그였다.
하지만 자기만의 색깔을 담은 책을 꾸준히 출간해 괜찮은 판매
지수를 기록하고, 심지어 "믿고 보는"이라는 수식어를 얻는 출판
사가 되는 일은 쉽지 않다. 이 정도면 아무리 겸손한 사람이라도
최소한 작은 성취라고는 부를 수 있지 않을까. 나는 그가 책을
직접 고르고 번역하고 출간한, 심지어 독자를 홀린 번역가가 된
비결을 알고 싶었다.

공대 출신 늦깎이 편집자

김효근은 번역가보다 편집자로 일한 시간이 길다. 다다서재
의 정체성 또한 번역가가 만든 출판사라기보다는 번역도 하
는 편집자가 만든 출판사에 가까웠다. 그러므로 내가 앞에서
말한 '내 책을 번역하겠다고 출판사 차리는 일의 위험성'을
김효근이 겪었다고 볼 수 있을지는 모르겠다. 하지만 김효근
은 할 수만 있다면 지금이라도 출판사는 그만두고 전업 번역
가로 살고 싶다고 했다. 소망을 증명이라도 하듯 그는 두 개

의 이름을 쓴다. 다다서재 대표 김효근과 번역가 김영현. 나는 그가 번역한 책을 읽고 묵직한 느낌의 '근'자보다는 맑은 느낌의 '영' 자가 어울린다고 생각했다.

"필명을 지은 이유는 정말 단순했어요. 판권 면에 이름이 들어가잖아요. 옮긴이랑 펴낸이가 똑같은 느낌이 싫더라고요. 저희 책이 아마추어적인 책으로 보일까 봐 걱정도 되고요. 제가 회사를 차리면서 그런 욕심은 좀 있었거든요. 1인 출판사이고 집에서 일을 하지만, 밖에서 봤을 때는 어엿한 출판사로 보이면 좋겠다는 바람이요. 그래서 일부러 회사 메일 계정도 따로 만들고 필명도 만들었어요. 또 대표가 너무 많은 역할을 한다고 하면 소통에 애매한 지점도 생길 것 같고. 그래서 최대한 분리하려고 했어요. 거기에 한 가지를 덧붙이자면, 지금도 제 꿈은 회사 안 하고 전업 번역가로 번역만 하는 거라서 이름이 따로 있으면 번역 의뢰를 받게 되지 않을까 하는 얄팍한 기대가 있었죠. 그런데 사실 저부터도 일단은 김영현이라는 이름이 적응이 잘 안 돼요. 이 이름은, 저희 아버지 이름과 어머니 이름을 한 글자씩 따서 아내가 지어줬어요. 의사결정을 할 때는 주로 아내 의견을 따릅니다. 그래야 만사가 형통하니까요."

다다서재는 부부가 운영하는 출판사다. 아내 김남희가 편집장을, 남편 김효근이 대표를 맡고 있다. 모두 편집자 출신이고 근무 경력은 아내가 더 길다. 출판계에서 가족 협업은 이제 드물지 않은 것 같다. 나는 얼마 전 부모님과 함께 일하는 출판사 대표의 가족 협업에 대한 강연을 들었다. 하루 중 정해진 시간 동안은 대표와 직원이었다가 저녁 밥상에 마주 앉으면 다시 자녀와 부모가 되는 관계는 뭐랄까, 휴먼드라마와 시트콤과 호러와 액션을 합친 장르가 아닐까 상상했다. 부부가 함께 일하는 풍경은 어떨까.

"처음 시작할 때는 저 혼자 할 생각이었어요. 아내를 회사 안으로 너무 끌어들이지 않으려고 했어요. 그러면 아내가 하고 싶은 다른 일이 생겼을 때 못 할 수도 있으니까요. 그래서 편집만 맡기려고 했는데 지금은 편집에 더해서 홍보 콘텐츠 만드는 일도 아내가 하고, 디자이너와 협의해서 카드 뉴스를 만드는 일도 아내가 맡고 있어요. 그 외에 회계 관련 일이나 영업자, 제작자로서의 일은 전부 제가 하고요. 초반에는 무척 자주 싸웠어요. 아내와 저는 서로 가장 가까운 사람이지만, 같이 일해보지는 않았다는 걸 둘 다 간과했기 때문인데요. 정말 사소한 버릇부터 소통 방식까지 다른 점이 한두 가지가 아니라서 감정적으로 부딪치는 날도 많았죠. 아마 회사 동료로 만났다면 적당히 참고 맞췄을 텐데, 부부라는 점이 그런 갈등에서는 외려 단점이 되었던 것 같아요. 그래도 싸우고 대화하면서 서로 다른 점을 거의 다 조율했기 때문에 요즘은 싸울 일이 거의 없습니다. 전에 아내가 '퇴근하고 집에 와서 회사 불평도 하고 그런 맛이 있어야 하는데, 퇴근하고 만나는 사람이 대표라 말할 곳이 없다'고 아쉬워하긴 하더라고요."

출판 번역가의 마음

편집자 출신 출판사 대표라는 직함, 부부 편집자라는 배경, 거기에 누가 봐도 편집자처럼 보이는 외모 탓에 나는 그가 문학청년의 시기를 거쳤거나 적어도 국문과 출신일 것이라 추측했다. 엄마에게 반항을 하다 말고 경영학과에 쫓겨 들어가 둘레길을 돌고 돌다 끝내 책 언저리를 벗어나지 못하고 지금까지도 서성이는 나와 달리, 국문학을 전공하고 편집자가 된 이들은 뭐랄까, "국어가 곧 나요" 하며 성배에 담긴 에스프레소를 마시며 거룩한 마음으로 책이라는 성물을 만들 것만 같다. 하지만 예상과 달리 김효근은 공대생이었고, 첫 출판사에 입사한 때는 서른 무렵이었으며, 다다서재 이전에는 아내와 한 출판사에서 근무한 적이 없었다. 김효근이 인간적으로 보이기 시작한 것은 이때부터였던 것 같다.

"저는 공대 출신이에요. 금속공학을 전공했는데, 대학원에 갔다가 중간에 그만두고 뒤늦게 군대에 갔어요. 제대하고서 뭘 해야하나 싶었죠. 나와서 먹고살기는 해야 했으니까요. 그나마 할 줄아는 게 일본어였어요. 대학원 연구실에서 제가 했던 분야에 일본 논문들이 많았기 때문에 번역해서 공유하기도 했었고 또 기술번역도 했었거든요. 제대하고서는 아르바이트 삼아 잡지 번역을 했어요. 그때 잡지 편집하시던 분이 출판 편집이 저에게 어울릴것 같다고 말씀하셨어요. 그때는 그런가 보다 했다가 제대하고서편집자에 대해서 찾아보게 됐죠. 신촌 한겨레문화센터에 편집자과정이 있잖아요. 거기 저녁 과정을 들었어요. 사실 그 수업이 어셀프게 편집자 하려는 사람들의 의욕을 꺾어주는 게 목표라서 꺾일 법도 했는데 무슨 생각에선지 꺾이지 않았고,(웃음) 그러다가 북에디터에 공고가 올라온 걸 보고 지원을 했죠. 그게 덜컥 붙은 거예요. 그렇게 첫 회사에 입사했어요."

김효근은 북하우스에서 편집자 일을 시작했다. 암자 기행에 관한 책을 시작으로 조선 역사를 다룬 책, 사진이 빼곡한 에세이, 한의학 관련 실용서, IT와 경제·경영서까지 다양한 책을 만들었다. 그렇게 2년 가까이 일하고 창비로 이직해 청소년 교양서를 만들었다. 첫 회사에서 여러 책을 만들어본 게 도움이 됐다. 가장 기억에 남는 책은 교양 시리즈 '이만큼 가까운'이다. 그간 위에서 맡기는 책만 만들던 그가 처음으로 기획을 발의해 출간까지 진행한 시리즈였다. 결과물이 100퍼센트 만족스럽지는 않았지만 이때 처음으로 기획 편집자가 된 것 같았다고 했다. 두 회사를 거치며 9년에서 약간 모자란 시간 동안의 직장 생활에 마침표를 찍은 때가 2018년 말. 창업 지원 사업에 선정되기 몇 달 전이었다.

"퇴사할 때는 사실 창업할 생각이 전혀 없었어요. 너무 힘들어서 그냥 도망치고 싶었고 아무런 계획이 없었죠. 그러다가 어느 순간 창업을 해야겠다고 마음을 먹고 보니 돈이 없더라고요. 제 퇴직금과 아내 퇴직금까지 전부 전세 대출 상환하는 데에 써버려서 수중에 돈이 몇백밖에 없었어요. 그래서 어떻게 하지 고민을 하다가 주변에 출판사를 차린 선배 한 분이 창업 지원 사업에 선정이 되셨다는 이야기를 들었어요. 그래서 알아보게 됐죠. 경기도콘텐츠진흥원에서 스타트업을 지원해주는 사업이 있다는 걸 알고, 선배가 냈던 서류를 참고해서 준비를 했어요. 만약에 지원을 못 받으면 다시 취직할 생각이었는데 다행히 선정됐어요. 저도 아내도 둘 다 전에 출판사에 다녔던 이력이 작용한 것 같아요. 창업 지원 사업에 선정된 게 4월 말이었어요. 그런데 지원 사업이 다 그렇겠지만, 정해진 기간에 정해진 지원금을 써서 약속했던 결과물이 나와야 하고 그게 안 되면 난감한 상황이 되거든요. 지원금 포함한 예산이 2,000만 원이었고 그걸 소진해야 하는 기한이 11월까지였어요. 그런데 당시 저희 첫 책의 저작권 계약이 확정된 게 7월 말이었거든요. 한국어판이 368쪽이나 되는 꽤 두꺼운 책이었는데 한 달 만에 번역을 마쳤어요. 그러고서 제가 지출 계획에 홍보 방안을 굉장히 많이 적어서 냈는데, 그걸 실행하느라 본의 아니게 홍보를 엄청 많이 했어요.(웃음) 그렇게 첫 책을 냈죠."

이제야 하는 말이지만, 사실 나는 출판사를 차려본 적이 있다. 운영 기간도 성과도 출판사라고 부르기에는 말도 못 하게 소탈했지만, 어느 출판사도 내줄 것 같지 않았던 옛 기록을 충동적 정의감에 불타올라 번역 출간했었다. '번역가가 내 책 내겠다고 출판사를 차리는 일의 위험성'을 몸소 겪은 사람은 바로 나다. 그럼에도 그때의 경험은 내 번역 인생을 전과

후로 나눴다. 책 만드는 과정을 통틀어 번역의 비중은 얼마나 작고 귀여운가, 내가 번역한 문장 하나가 나무 한 그루보다 값지다고 할 수 있는가, 무엇보다 책 만들기란 얼마나 제조업에 가까운 일인가를 뼈저리게 알았다. 그러니까 내 말은, 만들고 싶은 책을 만들어서 이익을 낸다는 게 보통 일이 아니더라는 이야기다. 김효근은 첫 책을 홍보하면서 얼마나 신났을까. 받은 돈을 기한 안에 소진해야 하는 느낌은 어땠을까. 미천한 잔고에 사비를 털어 번역료를 지급하고, 크라우드 펀딩 리워드를 만드느라 방산시장을 휘젓고 다녔던 내 출판사 운영 시절이 떠올랐다. 나는 왜 지원 사업을 찾아볼 생각조차 못 했을까. 역시 비즈니스는 정보라고 되뇌며 쓰는 글이나 잘 쓰자고 다짐하는 나였다.

계획이 없는 게 우리의 계획이다

김남희 편집장은 《한겨레21》에 연재한 칼럼에서 다다서재의 방향성에 관해 이렇게 썼다.

출간 (예정) 목록을 죽 늘어놓고 보았다. 각 책의 소재만 봐도 헛웃음이 나왔다. 조현병, 청각장애, 치매 노인 돌봄, 시한부 암 환자, 치매 당사자, 심리 케어, 외상후스트레스장애…. 이게 출판사야 종합병원이야?

틀린 말이 아니었다. 다다서재의 첫 책 『매일 의존하며 살아갑니다』는 정신과 돌봄 시설에서 일했던 임상심리학자가 쓴 책이다. 두 번째 책 『나는 옐로에 화이트에 약간 블루』는 동양계 혼혈 소년이 겪은 영국 하층 사회의 차별을 다루고, 세 번째 책 『서로 다른 기념일』은 청인 아이를 키우는 농인 부부의 이야기이며, 네 번째 책인 『아흔 살 슈퍼우먼을 지키는 중입니다』는 치매에 걸린 할머니를 돌본 손녀가 쓴 글이다. 다섯 번째 책인 『나를 돌보는 책』은 우울감과 무력감에서 헤어 나오지 못하는 이들이 실질적으로 취할 방법을 모은 글이고, 여섯 번째 책인 『우연의 질병, 필연의 죽음』은 말기 암을 앓는 철학자와 의료인류학자가 나눈 서간집, 일곱 번째 책 『오작동하는 뇌』는 치매 당사자가 치매에 걸린 후 자신에게 벌어진 일을 기록한 책이다.

"처음 출판사를 시작할 때는 한 가지 생각뿐이었어요. 돈 되는 책 만들자. 왜냐하면 집에 월급쟁이가 한 명도 없잖아요. 둘 다 여기에 매달린 상황이었고요. 그래서 초반에는 소설책을 정말 많이 검토했어요. 거기다 만화책, 자기계발서까지 온갖 책을 다 검토했어요. 한 60~70권 검토한 것 같아요. 그런데 좀처럼 성에 안 차더라고요. 신생 출판사라 그런지 계약도 잘 안 되고. 우연히 검색하다가 『매일 의존하며 살아갑니다』를 알게 됐어요. 일단 그동안 봤던 책들과도 달랐고, 제가 당시에 받았던 상처와 의문들에 답을 주는 메시지가 있었어요. 정말 신기하고 재미있더라고요.

그런데 저는 재미있는데 과연 편집장이 좋아할지 잘 모르겠더라고요. 다행히 제가 번역한 걸 보고 아내도 너무 재미있다고 해서 계약을 하게 됐죠. 지금은 둘 다 그 책을 첫 책으로 하기를 정말 잘했다고 이야기해요. 그다음에 계약한 책이 『나는 옐로에 화이트에 약간 블루』였어요. 두 번째 책을 이 책으로 정하면서 우리는 돌봄과 다양성으로 가야겠다고 생각하게 된 거죠. 저는 기본적으로 검토를 할 때, 독자들이 재미있어할까는 잘 생각 안 해요. 일단 제가 재미있어야 하고요, 그다음에 편집장이 재미있어할까를 생각하죠. 그렇게 결정하다 보니까 자연스럽게 이 방향성이 생겼어요. 둘 다 재미있어한 책이 다 이런 책들이었거든요. 가끔 제가 '이거 하면 좀 팔릴 것 같아'라고 뭔가 들고 가면 편집장이 브레이크 걸어요, 우리랑 안 어울린다고. 제가 원래 계획과 크게 연이 있지 않아요. 감과 우연이 겹쳐져서 여기까지 온 거고, 지금의 방향성도 첫 책을 내고 나서 서서히 정해졌어요."

다른 출판사에서는 1년에 한두 권 낼까 말까 한 소재의 책을 연이어 출간하는 다다서재의 출간 도서 목록도 목록이지만, 그보다 더 놀라웠던 것은 어쩌다 보니 키워드가 이렇게 정해졌다고 말하는 김효근이었다. 인생 여정을 점 잇기 놀이에 비유한 스티브 잡스의 연설문이 떠올랐다. 점 잇기 놀이란 숫자가 적힌 점들을 차례대로 잇다 보면 그림이 완성되는 놀이다. 왜 그 자리에 그 번호의 점이 찍혀 있는지는 그림이 완성되어야만 알 수 있다. 김효근이 묵묵히 한 일은 다음 번호가 적힌 점을 찾아 연결하는 것이었다. 그 마음은, 모네의 그림 같은 걸작을 만들어내겠다는 원대한 포부보다는 차라리 뭐라도 되겠지라는, 약간의 제멋과 꾸준한 태연함에 가까워 보였다. 김효근이 번역한 책 『우연의 질병, 필연의 죽음』에는 고쿠보 아키라라는 복서가 등장한다. 그는 왜 복싱을 시작했느냐고 누군가 묻는다면 그럴듯하게 대답하겠지만 그게 진짜 이유인지는 모르겠다고, 그때그때 자신에게 온 만남과 말, 기회에 몸을 싣다 보니 어느새 지금 이 자리에 있다고 말한다. 정체성이 뚜렷한 다다서재인 만큼 확고한 방향성 위에서 책을 만들고 있을 거라 생각했지만 김효근은 "아유, 전혀요"라고 말하며 손사래를 쳤다. 그의 말에서 고쿠보 아키라가 겹쳤다. 원인을 알 수 없는 우연들이 모여 만든 필연의 결과랄까. 김효근에게 앞으로 만들 우연한 책들에 관해 물었다.

"너무 아픈 분들에 관한 책만 내는 것도 좀 그러니까 안 아픈 분들 이야기도 하려고요.(웃음) 지금까지 낸 책들과는 결이 약간 다르지만, 경제서가 한 권 있어요. 마르크스를 가져와서 환경 문제와 자본주의에 관해서 이야기하는 비평서인데 일본에서는 반응이 꽤 좋은 책이에요. 그리고 과학 에세이도 한 권 있어요. 한국계 과학자가 쓴 얇고 경쾌한 과학 에세이가 한 권 있고요. 물론 기존의 색깔을 가져가는 책도 있어요. 『서로 다른 기념일』의 쌍둥이 책이라고 할 수 있는 『목소리 순례』가 곧 나올 거예요. 사회복지와 마케팅 분야를 접목한 책도 한 권 있고요."

편집자의 번역과 번역가의 번역

김효근은 책의 가치를 과장하지도, 그럴싸한 출판 철학을 읊지도 않았다. 없어 보일지 모른다고 걱정하면서도 이런 방식 또한 가능하다는 걸 말하고 싶었다고 했다. 김효근의 말은 어딘지 모르게 그가 번역한 책과 비슷했다. 담백하지만 싱겁지 않고, 조용하지만 쓸쓸하지 않았다.

> "전문 번역가라도 번역할 책을 자신이 선택하며 주도적으로 일하기란 굉장히 어렵지요. 저는 그 점이 계속 마음에 걸렸던 것 같아요. 앞으로 번역할 수 있는 책이 한정되어 있는데, 그중에 많은 책을 제 의지와 상관없이 번역해야 한다는 점이 내키지 않았는데요. 단행본 번역자가 단순한 중개자가 아니라 일종의 발신자 또는 새로운 풍경을 보여주는 안내자라면, 제가 옮길 많지 않은 책의 목록은 빈틈없이 제가 채우고 싶은 욕심이 있었어요. 그러려면 출판사를 차리는 것밖에 방법이 없더라고요. 그리고 현실적으로 계산기를 두드려봤을 때 번역가만 하는 것보다는 출판사를 하는 게 좀 더 돈벌이가 되겠더라고요. 물론 돈벌이가 더 되는 만큼 일이 훨씬 많지만요. 그 점은 당시에 간과했던 거죠."

인터뷰 전, 김효근에게 사전 질문지를 보내며 보태거나 빼고 싶은 질문이 있으면 알려달라는 메일을 썼고 약 일주일 뒤, 그가 답장을 보내왔다. 편집자로 일할 때와 번역가로 일할

때 번역을 대하는 방식에 어떤 차이점이 있는지에 관해서도
이야기 나누면 좋을 것 같다고 했다.

> "편집자로 일할 때는 번역을 전달이라고 생각했거든요. 언어의
> 장벽 너머에 있는 걸 가지고 와서 이쪽에 가져다주는 일이라고
> 생각했어요. 최근에는 장벽이나 계곡을 건널 수 있게끔 다리라든
> 지 사다리 같은 걸 놔줘서 사람들에게 미지의 세계를 보여주는
> 게 번역이지 않을까 생각해요. 전달이라고 하면 아무래도 결과물
> 위주로 생각하게 되는데, 풍경을 안내한다고 생각하면 조금 더
> 원래 있던 색을 존중하게 돼요. 번역하면서는 후자 쪽으로 생각
> 이 바뀐 것 같아요. 제가 번역한 글로 독자를 포섭한다기보다는
> 독자가 온전한 저자의 세계로 갈 수 있게 해준다는 느낌?"

저쪽과 이쪽 사이에는 엄청난 공간이 존재하고, 번역가
와 편집자는 그 사이에서 최적의 지점을 찾는 사람들이다. 최
적의 지점은 책의 장르에 따라 저자의 문체에 따라 달라진다.
독자를 극단적으로 포섭한, 내가 경험한 사례가 떠올랐다. 내
가 번역한 자기계발서가 전혀 다른 책이 되어 출간된 적이 있
다. 원문에 없는 문장뿐 아니라 원문에 없는 문단, 이를테면
한국의 사례를 별도의 표기 없이 첨가한 부분도 있었다. 이런
과정을 글을 매끄럽게 매만진다고 해서 윤문이라고 부른다.
과연 '매만지다'라는 동사로 충분한가 하는 문제는 그렇다 치
더라도, 번역가로서 윤문이 과도한 책이 무서운 이유는 오역

논쟁으로 번질까 봐서다. 내가 잘못 번역한 문장이라면 할 말이 없지만, 내가 번역한 것과는 다른 책이 되어 출간됐는데 이 사정을 알 리 없는 독자는 번역가가 오역했다고 오해하지 않을까. 나는 오역이 무섭다. 번역가에게 오역은 오탈자와는 차원이 다르다. 오탈자가 그저 실수이자 미처 발견하지 못한 오점 같은 것이라면, 오역은 번역가의 자질을 의심케 하고 경력을 송두리째 0으로 만들 수도 있는, 씻지 못할 죄다. 김효근 역시 오역에 대한 공포를 말했다.

> "오늘 아침에 인터뷰하러 집을 나서는데, 자신감이 가득한 마음으로 나왔어도 모자랄 판에 하필 제가 번역한 책에 오역이 있다는 제보를 받았어요. 확인해보니까 하나는 오역이 아니라 의견 차이가 있는 거였고, 하나는 제가 잘못 번역한 거였어요. 많이 놀랐죠. 나 오늘 인터뷰해도 되나 싶고."

오역에 관한 아찔한 기억은 내게도 있다. 일본어책은 세로쓰기가 많은데 一, 二, 三이 세로로 마구 섞여 나오면 구분하기가 쉽지 않다. 숫자는 많고 글자 크기는 작은 책이었는데, 실눈을 뜨고 연필로 빗금을 쳐가며 읽었는데도 별수 없이 숫자를 잘못 읽고 만 적이 있다. 또 어떤 책에서는 ヨーロッパ 諸國를 유럽 '제국'이라고 번역한 기억도 난다. 여러 나라를 뜻하는 諸國의 한글 발음이, 황제의 나라를 뜻하는 帝國과 같아서 생긴 실수다. 또 일본의 지명 중 中國(주코쿠)와 四國(시코

쿠)을 붙여서 中四國(주시코쿠)라고 쓴 책이 있었는데 그만 나카시코쿠(일본어로 中의 음역은 '나카'다)라고 읽은 적도 있다. 발견하고 수정할 수 있었던 것은 편집자들 덕분이다.

오역은 없는 것이 정답이지만, 모든 오역이 질타의 대상인가 하면 그렇지 않은 오역도 있다는 변명만은 하고 싶다. 원문도 완벽하지만은 않아서, 발음이 비슷한 한자를 잘못 쓰거나 인용이 틀린 채 출간된 원서도 있다. 컴퓨터라면 원문의 오류마저 그대로 번역하겠지만, 인간 번역가는 남몰래 재량을 발휘해 원문의 권위를 보호하기도 한다. 기계적인 잣대를 들이대자면 이것 역시 오역이지만, 이를 비난하는 편집자나 독자는 없다. 그렇다면 번역가의 오역을 조금은 관대한 눈으로 볼 수도 있지 않을까.

촬영을 준비하던 사진작가가 그래피티가 가득한 담벼락으로 김효근을 안내했을 때, 그는 이렇게 말했다. 정돈되지 않은 모습이 저와 비슷하네요. 이 말을 기억하는 이유는 김효근의 이미지가 그래피티와는 거리가 멀어 보였기 때문이다. 김효근은 어느 쪽인가 하면 그래피티로 낙서된 벽을 잠시 감상한 뒤 이내 원상 복구를 해 말끔하게 정돈할 것 같은 느낌. 혹시 그는 평소에는 조용하다가 수학여행 때 별난 기질을 깜짝 선보여 모두를 놀라게 한 뒤, 언제 그랬냐는 듯 다시 야자에 집중하는 전교 1등 같은 사람인가. 그런 사람을 보통 괴짜라고 부른다. 가까이서 보면 돌발의 연속이지만 멀리서 보면 그럴듯한 하나의 그림을 완성한.

이 인터뷰가 누구에게 닿으면 좋겠는지 묻자, 김효근은 이렇게 답했다.

"첫 번째는 독자예요. 저와 비슷한 생각을 하는 분들일 것 같아요. 주류에 대한 위화감이 있고, 그것으로 세상을 아우를 수 있을지, 내가 보지 못하는 세상이 있지 않을지 생각하는 독자들이오. 두 번째는 흔한 길이 아니더라도 자기 길을 나아가려는 분들이오. 그런 분들에게 제 이야기를 들려주고 싶어요."

금속을 연구하던 김효근은 일본어 번역을 시작했다. 편집자 수업을 들었다. 출판사에 입사했고, 다양한 책을 만들었다. 퇴사 후 출판사를 차려 '조명'이 닿지 않는 곳에 관해 말하는 책을 연이어 출간했다. 그리고 끝내 "믿고 보는 다다서재"라는 별명을 얻었다. 그저 눈앞에 놓인 길로 들어섰을 뿐인지, 결과가 어찌 되더라도 책과 함께일 것이라는 믿음 때문이었는지 그것도 아니면 타고난 태연함 덕분이었는지는 알 수 없다. 다만 그가 걷는 길이 그가 번역한 책과 제법 닮은 것은 분명해 보인다. 그가 번역한 책 『우연의 질병, 필연의 죽음』에는 이런 문장이 있다.

갈림길 중 하나로 들어서는 것은 외길을 선택하는 것이 아닙니다. 새롭게 생겨난 수많은 가능성들을 만나러 들어가는 것입니다.

아마도 김효근은 갈림길에 들어설 때마다 수많은 가능성에 문을 활짝 열었던 것 같다. 그것이 김효근이 걷는 방식이 아닐까.

최하영, 만화 그리는 통번역사의 마음

듀오링고라는 앱이 있다. 영어, 독일어, 프랑스어 등은 물론이고 나바호어와 에스페란토어, 심지어 영화 〈스타트렉〉에 나오는 가상 언어인 클링온어까지 총 서른 가지가 넘는 언어를 배울 수 있는 앱이다. 방식은 게임과 비슷하다. 앱이 낸 문제 중 일정 개수 이상을 맞히면 경험치가 오르고, 경험치가 쌓이면 레벨이 올라가며, 총 학습 시간에 따라 동, 은, 금, 진주, 다이아몬드 등으로 분류된 열 가지 리그에 진출하기도, 강등당하기도 한다.

듀오링고의 시작은 번역이었다. 컴퓨터과학부 교수인 루이스 폰 안은 영어를 모르는 사람도 영어 웹페이지를 이해할 방법이 없을까 고민했다. 기계 번역에 맡기기에는 오류가 너무 많았고, 전문 번역가에게 맡기기에는 너무 비쌌다. 어떻게 하면 사람들이 세상 모든 웹 페이지를 세상 모든 언어로, 게다가 무료로 번역하게 할 수 있을까. 방법은 '번역'을 '교육'으로 바꾸는 것이었다. 학습자가 듀오링고에서 외국어를 배워 어느 수준에 도달하면 듀오링고가 제공한 문장(이를테면 CNN 뉴스나 실제 웹페이지에 게시된 문장)을 번역하게 해 교육과 번역이 동시에 이루어지는 시스템을 만든 것이다. 과테말라 출신이었던 루이스 폰 안은 자신의 고향을 떠올리며 가난한 사람도 누구나 외국어에 접근하고 배울 방법을 마련하고 싶어 듀오링고를 만들었다고 했다. 언어 교육에 관한 공정한 비즈니스 모델. 이것이 듀오링고의 출발점이다.

외국어 공부를 놀이처럼

내게 듀오링고를 가르쳐준 사람은 중국어 통역사 최하영이다. 한국어 사용자는 영어와 중국어만 배울 수 있지만, 영어 사용자로 들어가면 거의 모든 언어를 배울 수 있다며 자신의 듀오링고 앱을 보여줬다. 거기에는 일본어, 중국어, 러시아어, 노르웨이어, 스페인어까지 다양한 언어가 올라와 있었다. 최하영은 자주 듀오링고를 열어 퀴즈를 푼다고 했다.

"『안나 카레니나』를 다시 읽고 러시아어를 배우고 싶어져서 듀오링고를 시작했는데 너무 어렵더라고요. 알파벳도 다르고 발음도 다르고. 그러다가 스페인어가 대중적으로 많이 쓰이니까 스페인어를 해볼까 해서 넣고, 일본어도 조금 했으니까 일본어도 넣을까. 노르웨이어는 제가 대학생 때 노르웨이에 교환학생으로 갔었거든요. 그래서 노르웨이어도 넣고, 마지막으로 궁금하니까 중국어 넣고. 언어마다 퀴즈의 소재가 조금씩 달라요. 예를 들면 일본어는 가족에 관한 단어부터 시작하고, 프랑스어는 교류에 관한 단어부터 나와요. 요즘은 조금 게을러져서 안 한 지 좀 됐는데, 할 수 있다면 더 많은 언어를 하고 싶어요."

"인간이 쓰는 언어는 시험 문제 정답 맞히기로만 환원하기에는 너무나도 다채롭다"라고 쓴 사람은 번역가 신견식이다. 그는 20여 개의 언어를 해독하는 언어 괴물로 유명하다.

언어를 필요가 아니라 호기심으로 대하는 최하영의 말을 들으며 신견식을 떠올렸는데, 마침 최하영은 신견식의 팬이었고 그를 직접 만나 대화를 나눈 적도 있다고 했다. 못 말리는 언어 애호가 두 사람이 만나 어떤 대화를 나누었을지 알 만하다 싶어 웃음이 났다.

마음을 간직하고 싶어서

"보내주신 질문지에서 저는 1부가 가장 재미있었어요. 왜냐하면 2, 3부는 다른 통역사님들, 저보다 경력 많으신 분들이 더 많은 이야기를 들려주실 수도 있을 테니까요. 하지만 1부의 질문들을 보면서 '아, 햄통툰을 다른 사람 눈으로 봤을 때 이런 느낌이구나' 하고 느낄 수 있었어요."

최하영에게 보낸 사전 질문지의 1부는 온통 햄통툰에 관한 것이었다. 중국어 통역사 최하영은 〈햄통툰〉이라는 만화의 작가이기도 하다. 2018년 7월 29일, 브런치에 〈햄통툰〉의 연재를 시작하며 그는 이런 글을 남겼다. "저는 햄스터 통역사입니다. 햄스터 말을 통역하는 건 아니고, 한국어와 중국어를 통역해요. 그럼에도 제가 햄통인 이유는, (이건 비밀인데) 제가 햄스터이기 때문이에요."

〈햄통툰〉의 주인공인 햄스터는 할 말 많은 통번역사들의

만화 그리는 통번역사의 마음

속마음을 대변한다. 클라이언트에게 예기치 못한 피드백을 받고 돌아와 "그럴 거면 네가 해!"라고 분노하고, 비슷한 의미의 여러 단어를 모으는 데에 집착하는 자신을 "변태 통번역사"라고 부르며, 통역사의 열악한 근무 환경을 들며 "통역사에게 잘해줍시다"라고 일갈하는 한편, 노트를 대고 있던 무릎에마저 필기한 자신을 발견하며 "온몸을 바쳐 일한 것만 같다"라고 뿌듯해한다.

"통역사는 외로울 수 있는 직업이라고 생각해요. 출장을 가도 혼자이고 공부도 혼자 하고 통역한 결과도 혼자서 받아들여야 하고요. 통역 내용이 대부분 기밀이라 어디에서 이야기하기도 어려워요. 지금을 기록하고 싶었죠. 안 그러면 마음을 잊을 것 같아서요. 여행을 가서도 그 순간에는 다 기억할 수 있을 것 같지만 사진으로 찍어두지 않으면 나중에는 기억이 안 나잖아요. 또 나중에 다시 보면서 뭔가를 새로 느낄 수도 있을 거고요. 지금은 지금 수준에서 할 수 있는 이야기를 그리지만, 내가 더 성장하거나 달라졌을 때 지금 그린 만화를 보면서 '아, 그때 이랬구나' 또는 '이건 아니었는데'라고 생각할 수도 있으니까요. 처음부터 마음을 먹고 시작한 건 아니고, 중국에서 근무할 때 어느 날 퇴근하고 돌아왔는데 그냥 그리고 싶다는 생각이 들었어요. 그림으로 내 마음을 표현하고 싶다는 생각이 들어서 마음 가는 대로 그렸어요. 처음에 한두 편 그렸을 때는 지인들만 알았지만, 네다섯 편쯤 그리니까 모르는 분들, 통번역을 하시는 다른 분들이 공감이 간다고 이야기를 해주셔서 용기를 얻었어요. 나만 이런 줄 알았는데 아니었구나. 그렇게 해서 계속 그리게 됐어요."

최하영은 그림을 배운 적이 없다. 그림에 딱히 관심이 있었던 것도 아닌데 〈햄통툰〉이 쉽게 그려지는 것이 자신도 신기하다고 했다. 나는 〈햄통툰〉을 경험에서 나오는 미친 한 컷이라고 표현하고 싶다. 아마도 최하영이 오랫동안 간직했던 마음을 그림이라는 수단으로 꺼냈을 뿐인 것이 아닐까. 만화를 그릴 때 어떤 느낌인지 묻자 최하영은 초등학교 때 친구들과 했던 게임에 대해 들려주었다.

"초등학교 때, 그런 게임을 한 적이 있어요. 친구들과 일상을 소설처럼 말하는 게임이요. 예를 들어 지금 상황을 놓고 게임을 한다고 하면, "홍대에 도착한 나는 커피잔을 들었다." 뭐 이런 식으로 지금 하는 일을 소설 속 문장처럼 말하는 거죠. 그렇게 하다 보면 일상이 마치 이야기로 쓰이는 것 같은 느낌이 들거든요. 게임을 할 때는 말로 풀어냈다면 지금은 그걸 그림으로 풀어내는 느낌이에요."

주인공 햄스터는 통역이 없는 날 먹고 자고 눕기를 좋아하고, 통역이 있는 날은 "똑띠 정신 차리고 싶어서" 머리를 질끈 묶는다. 특히 통역이 망한 날의 에피소드가 다양한데, 풀어헤친 머리를 커튼처럼 만들어 그 안에 숨기도 하고, 쥐구멍으

만화 그리는 통번역사의 마음

로 숨어 같은 설치류인 쥐들의 환대를 받는가 하면, 남은 통역을 더 잘해서 망한 통역을 전부 만회하겠다며 의지를 불태우기도 한다. 번역할 때는 지식이 확장되는 느낌에 신이 나지만, 막상 번역이 끝나면 공부 의욕도 함께 사라져 소파로 직행하고 마는 햄스터는 〈햄통툰〉 그릴 시간에 번역한 내용을 정리해야 하지 않겠냐는 통역곰의 잔소리에 "그래도 햄통은 그려야지"라고 천진하게 일갈한다. 왜 하필 햄스터였을까.

"첫 번째는, 통번역대학원 다닐 때 햄스터를 키웠어요. 햄스터를 좋아했었고 또 닮았다는 말도 많이 들었어요. 왜 강아지 키우면 강아지랑 주인이랑 닮는다고 하잖아요. 그것처럼 어느새 나도 햄스터랑 닮았다는 이야기를 들으면서 그게 자연스럽게 캐릭터로 나온 것 같아요. 두 번째는, 햄스터의 속성 때문인데요. 햄스터는 주인이 일주일 동안 집을 비워도 먹이를 많이 주고 나가면 그걸 볼에 저장하고 있다가 필요할 때 먹거든요. 제가 처음으로 중국에서 근무할 때 단어들을 다 줍고 싶은 마음이었어요. 햄스터가 먹이를 줍듯이 나도 게시판에 있는 표현도 줍고 싶고, 노점에서 아줌마가 찰옥수수를 판다고 하면 찰옥수수는 중국어로 뭐라고 할까 그런 표현도 줍고 싶고, 엘리베이터에서 어린아이가 엄마한테 하는 이야기도 다 줍고 싶었어요. 그걸 주워서 휴대전화에 적어뒀다가 홈페이지에 풀어놓고는 했었거든요. 그래서 주인공을 햄스터로 정했어요."

만화 그리는 통번역사의 마음

말 줍는 햄스터에게는 친구가 있다. 통역곰이다. 통역곰은 통역을 할 때만 나타나고 일을 하는 내내 햄스터의 어깨 위에 매달려 있다. 햄스터는 통역이 끝남과 동시에 어깨에 붙은 통역곰을 털어내고 홀가분하게 퇴근하는데, 가끔은 번역을 할 때도 통역곰이 깜짝 등장해 잔소리를 늘어놓을 때가 있다. 스트레스와 잔소리 담당인 통역곰은 어떻게 탄생한 캐릭터일까.

"우루사라는 광고가 있잖아요. 어깨 아프고 피곤할 때 어깨에 우루사 캐릭터가 매달려 있다고 말하던 게 떠올랐어요. 통역할 때는 긴장을 하니까 항상 어깨가 아프고 정말 큰 곰이 매달려 있는 느낌이에요. 통역 마치고 집에 돌아올 때면 어깨에 대롱대롱 매달려 있는 곰을 손으로 떼서 내동댕이치고 집에 오는 느낌? 통역도 번역도 일이 끝나야만 해방되고, 끝날 때까지는 계속 숙제를 안고 있는 느낌이니까요. 일이 끝나면 이제 그만 놓자 하는 느낌으로 집에 돌아오고는 해서 그런 곰을 그렸는데, 그리고서 보니까 너무 귀엽더라고요, 무서운 게 아니라. 그래서 나중에는 공존하는 느낌으로 그렸죠."

〈햄통툰〉에서 내가 가장 좋아하는 에피소드는 2020년 6월 8일 자 만화 「좋아하는 건 막을 수 없어」다. 인하우스 통역사로 취업한 햄스터는 내부인으로부터 이런 말을 듣는다. "그렇게 힘들게 통대에 들어가고 졸업하셨는데 왜 여길 오셨어요?" 햄스터의 대답. "힘든 거랑 좋아하는 거랑 관계가 없어서요." 통번역가는 인공지능이 발달하면 사라질 직업에서 상위를 차지한다. 햄스터는 늘 위기감을 느끼지만 그렇다고 통번역을 그만두지 않는다. 이렇게 말하면서. "시장 입지가 좁아지는 거랑 좋아하는 거랑은 관계가 없으니까요." 그 에피소드의 마지막 컷에서 햄스터는 어떤 문이 열려도 기꺼이 앞으로 나아가겠다는 듯 구두를 신고 뚜벅뚜벅 걸어간다. "뭐가 어떻게 되든 좋아하는 건 막을 수 없다"라고 말하며.

"통역을 하면서 위기의식을 느낄 때가 많아요. 지금 같은 코로나 상황에서 수요는 줄고, 반면에 통역 시장에 배출되는 유능한 학생은 정말 많아지고 있어요. 거기다 한중 관계가 나빠지면 시장이 더 좁아지고, 심지어 인공지능도 너무 빨리 발전해서 정말로 세상을 점령할 것 같은 기세를 체감하거든요. 당연히 위기의식이 존재하지만, 그런 불안감은 통역을 하고 있지 않을 때 더 크게 느껴져요. 막상 일할 때는 그런 생각이 거의 안 들어요. 그냥 잘하고 싶다, 더 잘하고 싶다는 생각뿐이에요. 그러다 보니까 이 일을 하지 않는 나는 어떨까를 생각하게 되는 거죠. 내게 통역보다 더 잘할 수 있는 일이 있을까 싶어요. 다른 업종으로 옮겨서 돈을 더 많이 벌 수도 있겠지만, 생각해보면 제가 이 일을 하면서 후회를 한 적이 없더라고요. 괜히 시작했다는 마음이 조금이라도 들었다면 이런저런 위기 상황들이 저를 더 우울하게 했을지도 모르죠. 친구들끼리 농담처럼 그런 말은 해요. 통대 들어온다고 했을 때

누가 나 좀 말려주지, 여기 발 들이지 말았어야 했는데.(웃음) 그런 말을 농담처럼은 하지만, 솔직히 말하면 진심으로 후회한 적은 한 번도 없고, 설사 내가 이것보다 더 잘하는 일이 있다 하더라도 이 일을 하면서 느낀 만족도가 상당히 높기 때문에 후회하지는 않을 것 같아요."

고작 통역, 그래도 통역

인터뷰이에게 던지는 질문 중 어떤 것은 사실 나에게 던지는 질문이다. 모든 인터뷰이에게 빠짐없이 물으면서도 매번 미안했던 질문이 하나 있다. "통번역이 왜 좋으세요?" 싫은 데에는 수십 가지 이유가 있지만, 좋은 데에는 이렇다 할 만한 이유를 대지 못할 때가 많다. 누군가 번역이 왜 좋으냐고 물으면 나도 똑 떨어지는 답변을 내놓을 자신이 없다. 의무감에 그럴듯해 보이는 말을 둘러대기야 하겠지만, 어떤 답을 내놓든 30분쯤 지나면 그게 과연 정답이었을까 하는 의구심에 사로잡힐 것이 분명하다. 그래서 "통번역이 왜 좋으세요?"라고 물을 때마다 나는 상반된 두 가지 감정을 느껴야 했다. '저도 모르는 걸 물어볼 수밖에 없어서 미안합니다'라는 송구한 마음과 '준비해 오신 답변을 어디 한번 들어볼까요?'라는 뻔뻔한 마음. 이번에도 나는 두 가지 마음을 동시에 안은 채 최하영에게 물었다. 통역이 왜 좋으냐고.

"설명하기가 참 힘든데, 어떤 사람을 좋아할 때 왜 좋은지 물으면, 내가 그 사람의 생각을 좋아해서 좋아하는 건지 외모를 좋아해서 좋아하는 건지 그 사람의 조건을 좋아하는 건지, 아니면 그 사람 자체가 그냥 좋은 건지 그 인과관계를 알기가 어렵잖아요. 저한테는 중국어도 〈햄통툰〉도 그런 존재인 것 같아요. 운명 같고. 그냥 내 일부 같고. 저는 지금도 중국어를 알아듣는 제가 신기하고 가슴 벅찰 때가 있어요. 오래 사귄 연인처럼 어떤 때는 이런 모습이 멋져 보이고, 어떤 때는 저런 부분이 매력적이고, 어떤 때는 좀 지겹고 밉기도 하고, 그렇지만 익숙해서 편하기도 하고. 그런 다양한 감정이 공존해요. 그리고 제가 원래 한자를 좋아했어요. 한자는 표의문자잖아요. 뜻을 함축해서 글자 안에 담을 수 있다는 게 정말 멋있어요. 그래서 어릴 때부터 사자성어를 굉장히 좋아했어요. 나중에 이 한 글자 안에 5,000년 역사와 철학과 예술과 문화가 다 담겨 있다는 걸 알게 됐을 때도 정말 멋지다고 생각했어요. 멋진 단어를 보면 멋진 사람이나 물건을 볼 때와 비슷하게 마음속에 '와' 하는 외침이 생겨요. 어떻게 보면 연구 대상으로서 언어를 대하는 면도 있는 거 같아요."

돈을 엄청 많이 벌 수 있는 것도 아니고, 대우가 엄청 좋은 것도 아니고, 그렇다고 이타적인 봉사심을 마음껏 발휘할 수 있는 일도 아니고, 심지어 곧 사라질 일로 손가락 안에 꼽히는 통번역을 짧지 않은 시간 이어오고 있는 사람이 그 일을 그만두지 않는 이유를 찾을 때, 대체 "좋아서" 말고 어떤 답을

내놓을 수 있을까. 하지만 좋아서 하는 일이라고 힘든 점이 없을 수는 없다.

"통역을 망하고 온 날은 통역이 다 무슨 의미가 있나 하는 생각이 들 때도 있어요. 예전에 IT 분야의 엔지니어를 채용하는 면접 통역을 했는데, 조사 빼고는 전부 기술 용어였어요. 한국어로 말해도 외계어처럼 들렸을 텐데 그걸 중국어로 통역을 하려니까 정말 죽겠더라고요. 그때 생각한 게, 첫 번째는 어려운 건 내가 하든 남이 하든 다 어렵다, 그러니까 좌절할 필요 없다. 두 번째는 이러쿵저러쿵하지 말고 일단 부딪쳐보자, 해보면 뭔지 안다. 세 번째는 뭐든지 하다 보면 점점 잘하게 된다, 못하면 어쩌지 걱정했던 일도 하면 할수록 잘하게 되니까. 어떤 분야에서 전문성을 쌓은 다른 사람들처럼, 하다 보면 나도 그렇게 될 수 있을 테니까. 결국 마지막까지 버티는 게 참 중요하다는 걸 매번 느껴요."

영화 〈미나리〉로 아카데미 여우조연상을 받은 배우 윤여정은 과거 인터뷰에서 "한 작품이 끝나고 다음 작품을 할 수 있으면 그걸로 됐다고 생각한다"라고 말한 적이 있다. 버티는 자세를 이보다 적절하게 표현한 말을 나는 아직 만나지 못했다. 작은 성취를 크게 기뻐하는 것이 버티는 힘의 원동력이라면, 헛된 욕심은 버티는 힘의 상극이다. 최하영의 버티는 마음은 어떨지 궁금했다.

"20년 뒤에요? 글쎄요, 어떤 마음일까요. 저는 지금도 통역할 때 긴장을 많이 하는데 어떤 분들은 툭 찌르면 나오듯이 정말 쉽게 동시통역을 하시는 분들도 있다고 들었어요. 시간이 지나면 나도 그렇게 될 수 있을까, 혹은 그 경지에 이르면 어쩌면 매너리즘에 빠질 수도 있지 않을까 생각해요. 통역에 답이 없다 보니까 전부 제가 하기 나름이잖아요. 내가 얼마나 준비를 해서 얼마나 성과를 냈는가, 여기에 누가 점수를 매겨서 돈을 덜 주고 많이 주고 그런 게 아니고, 결국 처음부터 끝까지 내 책임이고 내 만족인 건데, 여기서 내가 매너리즘에 빠져버리면 통역이 귀찮아져서 다른 일에 눈을 돌릴 수도 있지 않을까 하는 생각도 들기는 해요. 20년 뒤에 어떻게 되어 있을지는 아무도 모르죠."

다른 언어를 안다는 것

최하영과 중국어의 만남은 열두 살 무렵으로 거슬러 올라간다. 그는 KBS1 라디오 중국어 방송인 〈한국 만상〉에 출연해 어릴 때 엄마가 읽던 책에 영향을 받아 중국어 공부를 시작했다고 말한 적이 있다.

"그 책이 『21세기 중국은 무엇을 꿈꾸는가』라는 제목이었던 것 같아요. 표지가 빨갛고 엄청 촌스러운 책이었거든요. 저는 그 책을 읽지 않았는데 엄마가 보시고 저한테 권하셨죠. 중국어 해볼

래? 중국어 배우고 싶은 생각 있니? 이렇게 물어보셨어요. 저는 그때도 언어를 굉장히 좋아해서 영어 배우는 것도 좋아했었거든요. 중국어가 뭔지는 잘 모르겠지만 재밌어 보이니까 한번 배워볼까 이렇게 시작을 한 거죠."

당시 중문과 교수였던, 친구 아버지의 소개로 선생님을 알게 되어 과외를 시작했다. 중국어 교재가 없던 때라 영어로 된 중국어 교재로 공부를 했다. 어려웠지만 계속한 이유는 역시 재미있었기 때문. 현실적으로는 영어 외에 특기가 있으면 좋겠다는 생각도 했고, 당시만 해도 소수 언어였던 중국어를 안다는 것에 대한 자부심도 있었다고 최하영은 말했다.

"영어로 된 중국어 교재를 다 배우고 나서 한국의 시사출판사에서 나온 책을 두 번째 교재로 공부했는데요. 얼마 전에 그 책을 다시 보니까 영사관이랑 대사관 이야기가 많이 나오더라고요. 대사관 안에 참사관이 있고 서기관이 있고 이렇게 이어지는 내용을 보고 '어, 내가 이때부터 벌써 영사관, 대사관을 배웠네' 싶었어요. 특히 거기에 나오는 우의상점이 기억에 남아요. 우의상점이라고, 북경에 실제로 있는 쇼핑몰이에요. 외국인이 많이 가는 곳인데 저도 교재에서만 봤지 잘 몰랐거든요. 그러다 대사관에서 근무하게 되면서 2017년에 북경에 처음 갔는데, 대사관 가는 길 중간에 실제로 우의상점이 있는 거예요. 큰 길가에요. 그걸 보고 어찌나 반갑던지. 어렸을 때 책에서 봤던 우의상점을 실제로 눈으로 보면서 '아, 내가 여기까지 왔구나' 하는 생각이 들어서 정말 신기했어요."

통번역대학원을 졸업한 최하영의 첫 번째 직장은 의료기관이었다. 한국에 치료를 받으러 온 중국인 환자의 소통을 돕고, 외국인 환자 유치도 담당하는 쉽지 않은 일이었다. 두 번째 직장은 방송국이었다. 한국의 방송 프로그램을 해외에 수출할 때 필요한 정보를 조사하고 타깃인 중국 시장의 트렌드를 분석하는 일을 담당했다. 하지만 사드 문제로 중국과의 교류가 줄면서 중국어를 적극적으로 쓰기 위해서는 다른 일을 찾는 수밖에 없었다. 그러다 발견한 것이 외교부의 중국 대사관 직원 채용 공고였다.

"서류를 통과하니까 한중과 중한 번역 시험이 있었고요, 면접은 중국에 계신 대사관 직원 서너 분과 화상으로 진행했어요. 처음에는 대사관 영사부로 들어갔어요. 4개월 정도 영사부에서 일했는데 마침 주중대사님이 임기를 마치고 귀국하면서 그분 전담통역사 자리가 비었어요. 거긴 대사관 정무부 소속이거든요. 그래서 정무부로 다시 지원했고, 번역과 통역 시험을 전부 다시 치러 합격해서 정무부에서 일하게 됐어요. 그때가 마침 사드 때문에 양국 관계를 개선해야 한다는 움직임이 있었을 때였고 당시 대사님도 굉장히 활력이 넘치는 분이셔서 덩달아 저까지 온 중국을 누비다시피 출장을 많이 다녔어요. 만나는 귀빈이 누구인가에 따라서 또 어디에 가시는가에 따라서 준비해야 할 것들이 달라져서 힘든 점도 있었죠."

의뢰인이 바둑을 좋아한다면 갑자기 바둑 공부를 해야 하고, 내일 티베트 약 박물관을 방문하는 일정이 잡힌다면 오늘 티베트 약에 관해 공부해야 한다. 통역사에게는 세상에 존재할 수 있는 모든 상황이 주어지고, 세상은 매번 그가 전문가이기를 바란다. 하지만 모든 질문에 정답을 내놓을 수 있는 사람은 없다. 통역을 오래 하려면 적당한 포기가 필수인 이유다. 통역을 시작한 지 얼마 되지 않았을 때, 최하영은 의뢰받은 분야에 관해 공부할 때면 자신도 모르게 빠져들어 완벽하고 싶은 욕심이 커졌고 그만큼 스트레스가 많았다. 하지만 지금은 자신이 완벽할 수 없음을 받아들이고 어느 선에서 만족할 줄 아는 법을 배우고 있다. 여유가 생기니 오히려 능란해진 걸까. 한국어로 한 번도 말해본 적이 없는 '술지게미'라는 단어를 귀빈의 중국어 대화 속에서 알아듣고 통역한 신기한 경험을 한 적이 있다고 털어놓는 최하영이었다. 그는 2017년 문재인 대통령이 북경을 방문했을 때 근거리에서 통역과 해설을 맡기도 했다. 그때의 경험에 관해 물었다.

"문재인 대통령님이 북경을 방문하셨을 때, 저는 원래 대사님 전담 통역사였기 때문에 대통령님을 근거리에서 수행할 거라곤 전혀 생각하지 못했어요. 당시 외교관 중 한 분이 대통령님이 북경

최하영,

의 전문대가라는 거리를 산책하실 때 그곳에 관해 해설해줄 사람이 필요한데 네가 할 수 있겠냐고 물어보셨어요. 제가 언제 대통령님과 대화를 해보겠어요? 하겠다고 했죠. 그래서 이번에도 또 급하게 공부를 해서 대통령님이 이동하시는 동안에 설명해드렸죠. '제가 전문대가에 관해서 설명해드리겠습니다'라고 했더니 문재인 대통령님께서 정말 인자하고 자상하게 눈을 맞추면서 말씀을 하시더라고요. '아, 그래요? 전문대가는 어떤 곳인가요?' 이렇게 시작해서 제가 말씀드리는 것에 대해서 질문도 하시면서 대화를 이끌어나가시더라고요. 사실 연장자에 권력자라면 상대방의 말에 귀 기울일 필요를 느끼지 못할 수 있는데, 대통령님은 전혀 그렇지 않았고 진심으로 들어주시는 게 느껴져서 정말로 대화를 나눈 느낌이었어요."

최하영은 언젠가 SNS에 이런 문장을 쓴 적이 있다. "다른 언어를 안다는 것은 얼마나 재미있고 신기하고 삶을 풍요롭게 하는 일인가." 외국어가 스펙이 된 건 어제오늘 이야기가 아니다. 외국어에 관한 책의 90퍼센트 이상이 교재이고, 외국어를 공부한다고 하면 대개 어학 시험을 떠올린다. 하지만 그것이 전부일까. 쓸모없는 외국어를 배우려는 사람이 많아지면 어떨까 생각한다. 언어가 저마다의 세계를 담고 있다면, 아는 언어가 많을수록 넓은 세계를 알 수 있지 않을까.

"두 개의 언어를 안다는 것은 두 개의 영혼을 갖는 일이라는 말이

만화 그리는 통번역사의 마음

있어요. 저는 이 말에 어느 정도 동의해요. 외국어를 알면, 몰랐을 때는 이해할 수 없는 통찰력을 얻게 된다고 생각해요. 나와 다른 환경에서 평생 자라고 생각한 외국인과 대화할 기회가 주어지니 다른 문화를 이해하는 관문이 생기는 거고, 나와 다른 환경에서 살아온 사람의 세계관이나 가치관, 지식과 문화, 사고방식을 알 수 있으니 그 과정에서 서로의 차이를 이해할 수 있게 돼요. 그런 게 삶을 다채롭고 풍성하게 만드는 것 같아요. 특히 요즘 같은 시대에 언어를 할 줄 안다는 건 새로운 정보와 지식을 얻을 수 있는 패스트트랙에 탄 것과 비슷하다고 생각해요. 중국어든 다른 언어든 마찬가지죠. 언어의 장벽이 낮아지면 내가 접근할 수 있는 세계가 넓어지잖아요. 알고 싶은 내용을 바로 찾아서 이해할 수 있다는 것이 마치 여권 없이 국경을 넘나들 수 있는 프리패스를 가진 것 같기도 하고, 그런 접근성을 획득했다는 사실이 외국어를 아는 일의 특권처럼 여겨지기도 해요."

인터뷰를 마치고 집에 돌아와 최하영이 알려준 듀오링고를 다운로드했다. 시작하기를 누르니 배우고 싶은 언어를 선택하는 페이지가 나왔다. 내게 최고로 쓸모없으면서 제일 재미있을 것 같은 언어는 뭘까. 러시아어를 선택했다. 첫 번째 퀴즈는 'дом'이라는 단어를 번역하라는 문제였다. 다짜고짜 러시아어를 번역하라니 할 수 있을 리가 없잖아. 제시된 단어들을 아무렇게나 누르니 틀렸다는 표시가 나온다. 답은 house였다. 러시아어 발음을 들어보니 영어의 home과 비슷한 것 같았다. 다음 문제. 이번에는 'мама'를 번역하란다. 아하, 이건 알겠다. 'mom'을 누르니 경쾌한 효과음과 함께 맞았다는 표시가 보였다. 그렇게 몇 개의 퀴즈를 풀고 나니 Lesson Complete라는 메시지가 나왔다. 나는 오늘 러시아어 첫 단계를 마쳤다.

정다혜, 법률 통번역사의 마음

내가 아는 법정 풍경은 영화나 드라마 속 세트장이 전부다. 발언자의 목소리 외에 아무것도 들리지 않는 그곳에는 판사가 있고 검사와 변호사, 원고와 피고, 증인과 방청객이 있다. 법정 경찰도 있다. 하지만 통역사의 자리가 어디인지는 아무리 생각해봐도 모르겠다. 본 적이 없다. 유일하게 힌트를 주는 작품은, 뉴욕 법원에서 통역사로 일하는 한국계 미국인 여성이 주인공인 수키 김의 소설 『통역사』다.

중립의 의무는 통역사의 사명이건만, 소설 속 주인공은 영어에 서툰 외국인 증인의 답변을 그럴듯하게 지어내기를 자처한다. "사고 당시 괜찮지도 않으면서 왜 괜찮다고 말했느냐? 거짓말을 한 것이냐?"라는 변호사의 다그침에 한국인 증인이 잔뜩 긴장한 얼굴로 거짓말이 아니라고 웅얼거렸다면 그는 이렇게 통역하는 식이다. "당시에는 충격이 너무 커서 집으로 돌아와 쓰러질 때까지 얼마나 아픈지 몰랐습니다." 한국인은 아프거나 힘들어도 괜찮다며 상황을 무마하려는 습관이 있지만 이러한 문화적 배경을 알 리 없는 미국인 변호사들은 증인이 영락없이 거짓말을 했다고 생각하기 때문에 통역사가 나서서 증인의 입장을 대변한 것이다.

소설 속에서 주인공은 통역사라는 직업을 이렇게 표현한다. "진실을 듣는 유일한 존재이자 비밀을 지키는 사람." 이 말이 사실이라면 주인공의 직업이 통역사인 히어로물도 기대해볼 만하겠다. 하지만 역시나. 지구를 지키는 통역사 히어로는 소설에서만 가능했다. 정다혜에 따르면 법률 통번역 전반에 걸쳐 통역사에게 허용된 업무는 화자의 말을 가감 없이 전달하는 것 한 가지뿐이다. 이해하기 쉽게 혹은 듣기 좋게 말을 바꾸는 순간, 통역사는 권한 밖의 일을 한 것이 되고 그에 따르는 책임을 무겁게 져야만 한다.

가공은 절대 안 돼요

"대기업 두 곳이 미국에서 소송하는 케이스가 있었어요. 미국법상의 제도 중에 데포지션(deposition)이라고 해서, 법원이 아닌 장소에서 양측 변호사가 배석한 가운데 증인 신문을 하고 녹취록을 만들어서 법원에 제출하는 과정인데, 여기서 증인의 진술이 굉장히 중요해요. 누구를 증인으로 세울 것인지, 어떻게 대답을 하게 할 것인지를 변호사들이 굉장히 오랜 시간 공들여서 준비해요. 그러다 보니까 그 사람의 말 한마디를 통역할 때 뉘앙스가 조금도 달라지지 않게 해야 하는데, 언어가 다르다 보니 달라질 수밖에 없어요. 관사 하나가 들어가느냐 마느냐를 놓고 굉장히 민감하게 싸우기도 하고요. "어떤 제품에 적용된다"라고 말할 때 한국어에서는 단·복수를 굳이 구분하지 않잖아요. 그런데 영어로 통역을 할 때 제가 복수로 말했는데 그게 사실은 하나였다면 큰일 나는 거죠. 그걸로 정말 치밀한 논리 싸움이 유도되기도 하거든요. 생각지도 못했던 것 때문에 문제가 되고 그게 또 기업에는 너무 큰 타격으로 돌아오고. 소송액이 너무 크니까요. 그런 걸 생각하면 엄청나게 떨리죠. 제가 말하는 단어 하나, 표현 하나로 상대방 변호사에게 빌미를 줄까 봐요. 극도로 긴장한 채로 예민하게 하는 일이 데포지션이에요."

'직역이냐 의역이냐'는 출판 번역을 말할 때 빠지지 않는 논쟁이다. 직역과 의역 중 뭐가 옳으냐고 물으면 애초에 직역과 의역은 없다는 논리로 빠지고 결국 직역과 의역의 정의까지 파고 내려가는 번역 논쟁의 해묵은 틀에서 헤어나지 못하는 나와 허다한 출판 번역가들에게, 멀찍이 떨어진 곳에서 눈을 끔뻑이며 "왜 그러는 건데요?"라고 물을 것 같은 사람이 있다. 의역이니 뉘앙스니 하는 것은 그가 사는 세계와는 상관없는 이야기다. 원문을 훼손하지 않는 것이 지상 과제인 번역도 있다는 사실을 내게 알려준 사람은 법률 통번역사 정다혜다. 통번역사가 청자나 독자의 이해를 돕기 위해 표현을 바꾸거나 첨언을 하는 일은, 적어도 그가 몸담은 분야에서만큼은 통번역사의 자질을 의심하게 하는 일이다.

이를 잘 보여주는 자료가 있다. 한국형사법무정책연구원(구 한국형사정책연구원)이 발간한 『형사사법절차상 사법통역의 개선방안 연구』라는 보고서에는 캘리포니아 법원이 발행한 「미국 각 주의 사법 통역인 관련 규범 및 매뉴얼」이 부록으로 실려 있다. 증인이 "나, 나, 나는 못 봤습니다"라고 말을 더듬었다면 통역사는 "나는 못 봤습니다"라고 줄이지 말고 증인이 더듬은 말을 모두 그대로 옮겨야 한다거나, "이제",

법률 통번역사의 마음

"글쎄요"처럼 의미 없이 하는 말조차 다른 표현으로 바꾸거나 생략하지 말고 최대한 그대로 옮겨야 한다는 내용, 변호사가 의뢰인의 이름을 잘못 부르거나 날짜를 잘못 말하더라도 정정해서 통역하거나 변호사에게 오류에 대해 알려줘서는 안 된다는 내용, 또 피고인이 통역사에게 "증인의 증언은 통역하지 말라"는 요구를 했다면 통역사는 이에 응하지 말고 그러한 요구를 받았다는 내용을 기록으로 남기도록 판사에게 알려야 한다는 내용 등 하나같이 출판 번역에 적용되는 암묵적인 규칙과는 결이 다른 지침들이었다. 출판 번역을 하듯 법률 통역을 한다면, 허위 통역을 했다거나 통역인의 의무를 저버렸다는 이유로 형법의 심판 아래에 놓일 것이다. 인터뷰를 하면서 세상에 얼마나 다양한 번역이 존재하는가를 배운다. 그게 중요하다.

> "사법 통역에서는 재판과 관련한 말만 해야 해요. 그러니까 법정에서는 당연히 증인의 말을 있는 그대로 옮겨야 하는 거죠. 그걸 어떻게 이해할지는 법조인들의 몫이에요. 통역사가 그걸 잘 이해할 수 있게 가공해서 전달하는 건 절대 안 돼요."

눈앞에 놓인 계단을 오를 뿐

일본어에 "그림으로 그린 듯한(繪に描いたような)"이라는 표현

이 있다. "행복이라는 단어를 그림으로 그린 듯한 가정"처럼 전형적인 일이나 상태를 비유할 때 쓴다. 정다혜의 첫인상은 통역사라는 단어를 그림으로 그린 듯한 사람이었다. 단정하고 세련된 정장 차림에 정제된 말투와 정확한 발음이 마치 텔레비전에서 튀어나온 앵커처럼도 보였다. 정답과 오답이 확연히 구분되는 영역에서 오랫동안 일해왔기 때문일까. 빈틈 없이 꽉 찬 그의 글과 꼭 닮았다고 생각했다.

정다혜는 한국형사법무정책연구원에서 통역을 시작해 유엔마약범죄사무소와 외교부를 거친 베테랑 통역사다. FTA 같은 국제 협정을 체결하기 위한 협상을 비롯해 청와대에서 열리는 각종 정상 행사에 정부 측 통역사로 여러 차례 참여했고, KTV 국민방송에서 2019년 남·북·미 정상 판문점 회동을 동시통역하기도 했다. 태어날 때부터 통역사였을 것만 같은 정다혜에게 통역할 때의 마음을 묻는 일이란 어쩌면 "숨 쉴 때 기분이 어때요?" 라고 질문을 던지는 일과 같을지도 모른다. 하지만 살다 보면 들숨과 날숨이 느껴지지 않을 만큼 평온한 날이 있는가 하면, 가슴 벅찬 기쁨에 가쁜 숨을 몰아쉬는 날도 있고, 묵직한 삶의 무게에 눌려 얕은 숨만 겨우 쉬어지는 날도 있다. 숨과도 같았을 통역이 정다혜를 울고 웃게 만들었던 날들에 관해 듣고 싶었다. 수면 아래에서 쉼 없이 굴렀을 그녀의 발짓에 대해서도.

"통번역대학원을 졸업한 뒤 첫 직장은 한국형사법무정책연구원

정다혜,

이었어요. 그때만 해도 법 관련 통역이라고는 대학원 때 난민 통역 몇 번 해본 게 전부였는데, 다행히 일해보니까 저랑 맞더라고요. 공부가 많이 필요한 일이라는 점도 좋았고요. 입사하고 조금 지났을 때 연구원에 파견 나와 계시던 검사님이 "다혜 씨, 방콕 가서 일할 생각 있어?" 하고 물으셨어요. 그때 연구원에서 유엔 마약범죄사무소와 공동 프로젝트를 진행하고 있었거든요. 동남 아시아는 한 번도 가본 적이 없었지만 유엔에서 일할 기회를 놓칠 수는 없으니까 무조건 가겠다고 했죠. 그래서 방콕에 있는 유엔마약범죄사무소에서 근무를 시작했어요. 거기서 한 일은 주로 대한민국 법, 특히 수사 매뉴얼이나 법령 같은 실무적인 자료들을 영어로 번역하는 일이었어요. 한국인은 저랑 같이 간 검사님 둘뿐이어서 모르는 게 있어도 전처럼 마음껏 물어볼 여건이 아니었어요. 그래서 정말 힘들게 단어 하나 알아내는 데 몇 시간씩 걸려가면서 일했죠. 어떤 건 조사 빼고 전부 한자인 것도 있어서 한국어 서류도 이해를 못 하겠더라고요. 검사님이 불러주시는 대로 받아 적으면서 일한 기억이 나요. 또 유엔 공식 문서 작성법이 따로 있는데 예를 들면 국가나 나라를 뜻하는 nation, state, country를 유엔 매뉴얼에 맞춰 쓰는 법을 배우는 것도 재미있었어요. 힘들었지만 배운 게 정말 많았고, 하루하루가 알찼고, 또 여러 나라에서 온 동료들과 한 사무실에서 일하는 것도 재미있었어요."

유엔마약범죄사무소 근무를 마치고 한국에 온 지 얼마

되지 않았을 때, 오역이라는 단어가 온종일 뉴스에 오르내리는 큰 사건이 터졌다. 한미 FTA 오역 사태다. 외교관이 번역한 FTA 협정 문서에 문제가 발견되면서 국제적 망신이라는 여론까지 나오자, 외교부에서 전문 통번역사를 채용하고자 했고 정다혜는 이력서를 냈다. 서류 심사와 번역 시험, 면접을 거쳐 최종 합격 통보를 받은 다음 날부터 외교부로 출근하기 시작했다.

"처음 맡은 일은 FTA 협정문에 포함된 양허표를 검토하는 일이었어요. 양허표라는 건, 수출 품목마다 관세율 인하 조건과 일정 같은 것을 정해놓은 표를 말해요. 농산물, 공산품, 화학제품 할 것 없이 어마어마하게 많은 수출 품목들이 나열돼 있는데, 항목마다 번역이 잘됐는지뿐 아니라 스펠링과 숫자, 코드까지 하나하나 확인을 해야 해요. 예를 들어 닭고기 같은 경우는 부위별로 분류 코드가 달라요. 목이 잘린 것과 아닌 것, 털을 제거한 것과 아닌 것, 발톱이 있는 것과 아닌 것까지 분류 기준이 굉장히 세세해요. 동식물 같은 경우는 학명이 굉장히 길고 복잡해서 애를 먹었고요. 화학제품도 정말 어려웠는데 예를 들면 포름알데히드가 포롬알데히드로 잘못 표기되지 않았는지 같은 것들을 각별히 조심해서 검토해야 했어요."

양허표 검토가 마무리될 무렵, 정다혜는 부서를 옮겨 협정문 본문을 검토하는 일을 맡았다. 한국형사법무정책연구원이나 유엔 시절에 까다로운 문서를 많이 접해본 그에게도 FTA 협정문은 완전히 새로운 분야였다. 국내법과 국제법, 협상 당사국의 입장에 관한 배경지식이 필요했던 것은 물론이고, 이전에 체결되었던 FTA 문서와의 통일성 유지도 중요했다. 영어 실력만으로 할 수 있는 일이 아니었다. 단어 하나, 문장부호 하나에까지 책임져야 한다는 심정으로 3개월을 꼬박 협정문에 매달린 뒤에야 복잡한 문장구조에 익숙해졌다. 협정문 검토가 끝날 무렵 정다혜는 선진 통번역 시스템을 조사할 목적으로 유럽에 본부를 둔 여러 국제기구를 방문할 기회를 얻었다. 말로만 듣던 법률 언어 전문가를 만난 건 유엔 유럽 본부에서였다. 그곳에서는 법률 문서 검토가 가능한 언어 전문가들이 톡톡히 역할을 해내고 있었다. 국제 관계가 점점 중요해지는 만큼, 우리나라에도 법률 언어 전문가가 필요한 날이 올 것은 분명해 보였다. 그게 나라면 어떨까 정다혜는 생각했다.

"통역 스킬만으로 일을 잘하기는 어려워요. 필요한 배경지식을 그때그때 공부하기는 하지만, 그런 방식이 언제까지 가능할지 알 수 없다는 생각이 들었어요. 이 분야에 대한 깊이가 없으니까 한계도 느껴지고요. 제가 해온 법률 분야와 언어의 연결 고리를 찾고 싶었어요. 그래서 뒤늦게 일반대학원 법학과에 입학했어요. 첫 학기는 정신이 없었죠. 학부 전공이 법학이 아니었기 때문에 대학원 수업과 학부 수업을 같이 들어야 했거든요. 더군다나 회

법률 통번역사의 마음

사 생활과 학업을 병행해야 해서 체력적으로도 정신적으로도 정말 힘들었어요. 뒤늦게 대학원에 들어온 게 과연 잘한 일일까 걱정이 됐는데, 교수님께서 그러셨어요. 국제법은 우리나라의 국익을 위해 사용되어야 한다고요. 제가 처음 통역사가 되기로 마음먹었을 때, 우리나라가 언어 때문에 국제사회에서 불이익을 받거나 제 목소리를 못 내는 일이 없도록 해야겠다고 생각했거든요. 교수님 말씀을 듣고 초심이 떠오르면서 '내가 잘 선택한 거구나' 안도감이 들었고 부족하더라도 열심히 공부해야겠다고 생각했어요."

정다혜는 왜 하필 법률 분야를 선택했냐는 질문을 자주 받는다고 했다. 법률 통번역이 얼마나 까다롭고 진입 장벽이 높은지 알기에 던지는 질문일 터였다. 그때마다 그가 내놓는 대답은 같았다. "제가 법을 선택한 적은 없어요." 통번역대학원 졸업 후 그의 이력이 물 흐르듯 한 방향으로 자연스럽게 흘렀을 뿐이라고 했다. 정다혜가 법을 선택하지는 않았을지 몰라도, 법이 그의 눈앞에 다리를 놓았을 때 피하지 않고 앞으로 나아간 것만은 분명해 보였다. 선택한 적이 없다는 그의 대답에서 떠오른 문장이 있었다. 우연이란 노력하는 사람에게 운명이 놓아준 다리라는 말. 법률 통번역은 그에게도 쉽지 않지만, 다른 분야로 눈을 돌리는 대신 눈앞에 놓인 계단을 넘어지지 않고 오르기 위해 조심스러운 마음뿐이라고 했다.

"한국형사법무정책연구원과 유엔과 외교부에서 인하우스를 5~6년쯤 하면서 프리랜서로서는 할 수 없는 경험을 정말 많이 했어요. 한 달에 한 번씩은 청와대 행사를 통역한다거나 대통령 순방 출장에 동행한다거나 하는 경험들은 쉽게 할 수 없잖아요. 굉장히 좋은 추억으로 남아 있기는 하지만, 여러 해 있다 보니까 안정적인 상태가 별로 매력적이지 않더라고요. 언제부터인가 새롭거나 신기하지 않았어요. 그래서 프리랜서로 일하기 시작했죠. 한 3~4년까지는 분야를 가리지 않고 통번역을 했는데, 매번 다른 분야를 통번역하다 보니 여기에도 그 나름의 장단점이 있더라고요. 한 분야에서 깊이를 쌓는 게 더 보람이 크다는 걸 알았죠. 그래서 미뤄왔던 국제법 석사논문도 서둘러 쓰고 졸업을 했고, 당시에 프리랜서로 로펌 일을 하고 있었기 때문에 자연스럽게 법률 분야의 일을 많이 의뢰받게 된 거죠. 예전에는 MOU를 체결한 결과물에 대해서 번역 의뢰를 받으면 그야말로 글자만 옮겼는데, 지금은 MOU를 체결하기 전 협상하는 과정부터 제가 참여를 해요. 아예 그 문서를 만드는 과정부터 함께하는 거죠. 그런 게 정말 재밌어요. 통번역은 분명히 필요하고 의미 있는 일이지만, 반복해서 하다 보면 기계적인 느낌이랄까요, 매너리즘 같은 게 생기거든요."

일에는 모순이 있다. 없으면 불안하고 있으면 힘들다. 주어진 일을 잘 해내는 것은 직업인의 사명이지만, 평생 주어진 일만 하고 살아야 한다면 얼마나 따분할까. 통번역가의 사

　　　　　　　　　　　　　　법률 통번역사의 마음

명이란 주어진 외국어를 한국어로 잘 옮기는 일이겠지만, 평생 같은 방식으로 일해야 한다는 걸 감지하는 순간 그 아득함에 숨이 막혀온다. 어떤 일을 오래 하려면 주어진 일만 해서는 안 된다는 조언 속에는, 지루함을 견디는 데에 한계가 있을 거라는 우려도 섞여 있다고 나는 생각한다. 어쩌면 전문성이란 지루함을 이겨낸 사람에게 주어지는 명패 같은 것이 아닐까. 정다혜는 매너리즘에 빠지지 않기 위해 자신의 영역에 변화를 주고자 했다. 변화의 대상은 규모일 수도 깊이일 수도 있었다.

"이건 나만 할 수 있는 일이라는 생각이 들면 더 많이 공부하게 되고 더 잘해야지 하는 욕심이 생겨요. 작년에는 어떤 문서를 깊이가 3 정도인 상태에서 번역했다면, 대학원에 다니면서 법률 공부도 하고 다른 통역을 하면서 경험도 쌓은 올해 그 문서를 다시 보면 5 정도로 이해도가 깊어진 게 느껴져요. 늘 그런 건 아니지만 맥락을 몰랐을 때는 피상적으로 번역했던 것도 이제는 그 앞뒤가 보이는 것 같고요. 퍼즐처럼 조각조각 알고 있던 것들이 하나로 맞춰지는 느낌이랄까요. 점점 채워나간다는 느낌이 좋아요. 통역이 표면에 있는 기술이라면 그 기저를 채우는 게 저에게는 법률 지식인 셈이죠."

날것을 가장 먼저 보고 듣는 사람

언어를 규칙 아래에서만 통용되는 게임이라고 했을 때, 법률 용어만큼 규칙의 난해함을 잘 보여주는 사례는 없다. 배상과 보상, 해지와 해제, 합의와 협의처럼 겉으로 비슷해 보여도 전혀 다른 결과를 만들어내는 단어들은 얼마든지 있다. 영어도 마찬가지다. 형법상의 살인죄를 영어로 옮길 때 단순히 murder라고만 옮겨서는 일이 어긋나기 십상이다. 코넬대 로스쿨에서 운영하는 온라인 법률 용어 사전에 따르면, 살인을 뜻하는 murder라고 해도 범행 동기와 의도 유무에 따라 여러 가지 번역이 가능하다. 흉기를 휘두르며 심각한 신체적 해를 입히기 위해 공격적으로 사람을 죽인 행위는 Grievous-bodily-harm murder, 강도 같은 중범죄를 저지르는 과정에 사람을 죽인 경우는 Felony-murder, 총기 난사처럼 생명의 가치를 무시하는 방식으로 사람을 죽인 경우는 Depraved heart murder라고 써야 한다. 법률 번역의 어려운 점은 여기서 끝나지 않는다. 범죄자의 진술이 담긴 문서를 번역하려면 범죄자가 쓰는 은어까지 알아야 한다.

> "인터폴에 보낼 보이스피싱 범죄자 관련 자료를 번역한 적이 있는데, 모르는 말이 너무 많아서 경찰과 상의하지 않으면 번역을 할 수 없을 정도였어요. 예를 들면 '다른 곳 감지 마시고 바로 예약 잡고 오세요'라고 하면, '다른 데 가서 괜히 헛걸음하지 말고

나한테 오면 내가 확실하게 해주겠다' 그런 뜻이라고 해요. 어떤
말은 성적인 걸 빗대서 표현하는 것도 있었고요. 또 전혀 다른 건
이지만 외국인이 한국 법원에서 재판을 받는 형사 사건을 통번
역할 때도 있는데, 자료를 받아보니까 영어로 된 욕도 많고, 자기
들만 아는 말을 쓰니까 무슨 뜻인지 전혀 모르겠더라고요. 사전
은커녕 범죄자가 아니고서야 현지 미국인들도 모를 것 같은 은
어죠. 욕을 번역할 때는 순화해서도 안 되지만, 영어 욕과 한국어
욕이 1:1로 대응하는 것도 아니잖아요. 그런 것까지 생각하다 보
면 번역하기가 너무 어려워요. 그래도 법원에서 보고 알 수 있을
정도로 풀어야 하니까…. 제가 이런 고충을 이야기했더니 동료
통역사가 욕을 맛깔나게 번역하기로 소문난 영화 번역가가 있다
고 하더라고요. 그래서 그분은 욕을 어떻게 번역하셨나 찾아보기
도 했어요."

법률이라는 단어가 풍기는 이미지 탓에 그저 정장을 갖
춰 입고 회의실에 앉아 딱딱한 계약서나 어려운 판결문만 읽
는 줄 알았다. 하지만 세상사 천태만상과 맞닿은 것이 법이
아니던가. 그만큼 날것 그대로의 현실을 부릅뜬 눈으로 들여
다봐야 하는 사람이 법률 통번역사다. 이 말을 뒤집으면 법률
통번역사가 보고 듣는 원문이란 날것 그대로의 현실, 꼭 그만
큼 잔인하고 폭력적일 때가 있다는 뜻이기도 하다.

"법률 용어가 어려워서 힘들 때도 있지만, 아무래도 마음이 힘들

　　　　　　　　　　　　　　　　法律 통번역사의 마음

때는 피해자들의 말을 듣고 옮길 때죠. 성폭행 사건의 경우 피해자들이 여성이다 보니까 정말 힘들어요. 왜냐하면 언론에서 공개되는 것보다 훨씬 잔인한 내용을 통역해야 하고, 사건 현장 동영상이나 사진 같은 것들을 굉장히 자세히 봐야 하거든요. 마음이 절대 편할 수가 없죠. 특히 기억에 남는 건 우리나라에 유학을 온 외국인 여성이 성폭행 피해자가 돼서 진술을 하게 됐는데, 너무 힘들어했어요. 말도 잘 안 통하는 데다 피해자 본인과 통역사인 저를 빼고는 법정 안에 전부 남자였거든요. 생전 처음 보는 남자들 앞에서 너무나 말하기 어려운 경험을 적나라하게 말해야 하는 상황에 두 시간 넘게 놓여 있었던 거예요. 심지어 변호인은 피고인의 변호인이니까 공격하는 질문을 하잖아요. 여성으로서 말하기 어려운 치욕스러운 순간들을 뽑아서 공격적으로 질문을 하니까 나중에는 결국 못 하겠다고 하면서 우셨어요. 그럴 땐 정말 마음이 안 좋았죠."

정다혜가 만난 외국인 피고인의 대부분은 국선 변호사의 도움을 받는 이들이다. 한국 법정에서는 외국인의 재판받을 권리를 보장하기 위해 국선 변호사 선임을 지원하고 있지만, 언어의 벽 때문에 또는 외국인이라는 이유로 제대로 된 법률 서비스를 받지 못할 때도 있다. 정다혜가 항소심에서 만난 외국인 피고인 중에는 수사 단계에서 자신의 말이 제대로 전달되지 않았다며 통역사를 불신하게 된 사람도 있었다고 했다. 하지만 낯선 타국의 법정에 선 대다수의 외국인이 자기

법률 통번역사의 마음

와 같은 언어를 쓰는 통역사에게 의지하는 경우가 훨씬 많다고 정다혜는 덧붙였다.

"한국어를 전혀 못 하는 외국인이라면 통역사에게 전적으로 의지할 수밖에 없죠. 한번은 항소심 선고일이었어요. 1심에서는 유죄를 받았고 항소심만 남은 상황이었거든요. 사회적으로 주목받은 사건이어서 기자도 많이 오고 방청객도 굉장히 많았어요. 판사님이 '판결을 선고하겠습니다. 피고인은 무죄'라고 하자마자 방청객들 환호 소리에 카메라 셔터 소리에 엄청 소란해졌는데, 어느 순간 시선을 느꼈어요. 피고인이 저를 너무 간절하게 바라보고 계신 거예요. '아, 내가 판결을 듣자마자 옮겨줬어야 했는데' 싶어서 얼른 무죄라고 통역을 했죠. 그랬더니 그분이 다리에 힘이 풀려서 거의 주저앉다시피 하시면서 저에게 인사를 하시더라고요. 고맙다고. 사실 저한테 인사하실 일은 아닌데 본인도 모르게 그렇게 하셨던 거겠죠. 그때를 생각하면 지금도 약간 전율이 흘러요. 저에게 전적으로 의지한다는 느낌이 분명히 있죠. 외교부나 로펌에서 통역할 때는 느낄 수 없는 감정이에요."

사법 통역을 늘 긴장한 상태로 할 수밖에 없는 이유는 그 건너편에 놓인 것이 누군가의 인생이기 때문이다. 내가 선택한 단어 하나, 조사 하나에 한 사람의 인생이 좌우되는 일은 어떨까. 표현을 고를 때마다 온갖 경우의 수와 거기에 연결된 가능성까지 생각하다 보면 도저히 입을 열 수 없게 되지 않을까. 피고인이 아무리 억울한 상황에 놓였어도 통역사는 공감하거나 판단해서는 안 된다. 통역사가 그를 위해 할 수 있는 일은 그저 들은 대로 옮기는 일뿐이다. 언어 안에 갇힌 통역사는 무력감을 느낄 수밖에 없지만, 무력감을 이겨내기 위해서는 언어를 무기 삼는 수밖에 없다. 분노와 억울함, 원망과 원한까지 온갖 감정이 교차하는 법정에서 감정 배제라는 행위보다 중요한 통역사의 애티튜드가 있을까. 공감의 목표가 너와 나의 더 나은 삶이라면, 감정을 극도로 덜어내고 언어만 정확하게 옮김으로써 판사가 합리적인 판단을 하는 데에 기여하는 행위야말로 통역사가 할 수 있는 가장 큰 공감일 것이다.

"돈을 벌기 위해서 하는 일일 수는 없어요. 재판 통역의 보수는 로펌이나 일반 회사에서 통역할 때 보수의 10퍼센트 정도밖에 안 돼요. 재판 통역을 하려는 통역사가 많지 않은 이유는, 보수는 적은데 위험에 노출될 우려가 있기 때문일 거예요. 변호인과 같이 구치소 접견 통역을 하러 가면 진짜 무서울 때가 있어요. 보통 드라마에서는 구치소 접견실이 바닥부터 천장까지 완전히 통제된 공간으로 나올 때가 많은데 실제로는 그렇지 않아요. 큰 공간에 테이블과 의자만 덩그러니 있어요. 수감자와 격리됐다고 할 만한 장치가 전혀 없는 거죠. 같이 간 변호사님이 체구 있는 남자분일 때는 조금 낫지만, 저보다 왜소한 분이거나 여자 변호사님과 같이 있을 때는 정말 겁나요. 그래도 저는 일정만 맞으면 법정

법률 통번역사의 마음

에 가려고 해요. 전문 분야가 법률이고 그 일부가 사법 통역이다 보니까 배우는 것도 있고요. 뭐라고 표현하기는 어려운데, 저에게는 분명히 가치가 있는 일이에요."

삶을 대하는 태도

재판 통역을 지금까지 이어온 이유를 묻는 질문에 정다혜는 한마디로 표현하기 어렵다고 했다. 그가 쓴 책 『인생도 통역이 되나요』에 비슷한 말이 있다. "적어도 내게는 가치 있는 일이기 때문일 텐데, 쉽게 정의하지 못하는 알 수 없는 사명감은 해결하지 못한 미제 사건처럼 그 근거를 찾지 못했다." 지금은 그 사명감의 근거를 찾았는지 묻자 정다혜는 영국에서 만났던 이웃에 대해 들려주었다.

"학창 시절을 영국에서 보냈는데 그때 만난 분들이 저에게 굉장히 큰 영향을 줬어요. 그때 제가 부모님처럼 생각했던 이웃 주민이 계신데, 한 분은 의사였고 한 분은 토목 엔지니어였거든요. 퇴직하고 매년 르완다에 가서 봉사를 하세요. 의사인 분은 에이즈 환자들을 치료해주거나 기부를 받아서 약을 지원하고, 토목 엔지니어인 분은 아이들이 놀 수 있는 바이킹을 만들어주기도 하고 빗물을 저장했다가 정수해서 쓸 수 있는 파이프라인 같은 걸 만드시더라고요. 자기가 할 수 있는 일을 발견했다고 너무 기뻐하시면서요. 그런 걸 보면서, 가치 있는 삶이란 내가 잘할 수 있는 일로 누군가에게 도움이 되는 삶이겠다는 생각을 강하게 했어요. 그렇다면 나는 뭘 할 수 있을까. 내가 하는 일과 동떨어진 무언가를 하려고 하면 저에게도 부담이고 어렵겠지만, 그게 아니라 내가 할 수 있는 일 중에서 남을 도울 수 있는 일이 뭐가 있을까 그런 생각을 했죠. 재판 통역에 웬만하면 참석하려고 하는 게 그런 이유도 있죠. 누군가에게는 분명히 도움이 될 테니까요."

덤덤하게 말하는 정다혜를 보며 영화 장르로 치면 다큐멘터리 같은 사람인가 생각했다. 감정이 고조되면 노래도 부르고 춤도 추는 뮤지컬 영화와는 정반대에 있는 사람인 건 분명했다. 그가 쓴 책을 읽으며 나도 모르게 웃은 부분이 있다. 통번역대학원 시절의 경험을 회상하던 정다혜는 통역 수업은 너무나 재미있었지만 번역 수업에는 도무지 재미가 붙지 않았다며 이렇게 썼다. "명확한 정답 없이 수업 시간 내내 한 문장을 이렇게 번역한 학생과 저렇게 번역한 학생의 과제를 비교하면서 어떤 것이 더 자연스러운 표현인지, 더 나은 대안은 없는지 묻고 답하는 과정이 사실 내게는 지루했다. 오역이 아닌 이상 어떻게 번역해도 큰 차이가 없을 텐데 이 과정을 계속 반복해야 한다니, 흥미가 뚝 떨어졌다." 이런 정다혜라면 답이 정해져 있는 법률 통번역을 천직이라고 부를 수밖에 없지 않을까. 실제로 그는 정해진 규칙과 질서를 지키며 복잡한 퍼즐을 맞춰야만 완성되는 법률 번역이 재미있다고 했다. 운

정다혜,

명의 여신에게 박수를.

"초등학교 때 제가 일기를 쓰면 너무 재미가 없고 겪은 사실만 무미건조하게 늘어놓아서 엄마는 제가 창의력이나 감성이 부족한 아이로 자랄까 봐 걱정을 많이 하셨대요. 제 기억에도 어릴 때 동화책 같은 걸 그다지 좋아하지 않았던 것 같아요. 누군가 만들어 낸 이야기인 동화책보다는 사실을 근거로 한 위인전을 더 좋아했어요. 독서 습관은 지금도 다르지 않아요. 소설보다는 유명인들이 자신의 경험을 쓴 에세이나 자기계발서를 즐겨 읽어요. 통번역대학원에서 문화 예술 번역 시간에 애니메이션 대사를 번역하는 과제가 있었는데, 주인공이 탄식하면서 'oh, boy…'라고 하는 부분이 있어요. 아무런 의심 없이 '오, 소년아…'라고 번역했다가 동기들에게 놀림거리가 됐죠."

"너와 네 가족은 내가 책임질게"라는 멜로드라마 주인공의 대사를 번역할 때조차 어제 번역한 법률 문서에서 본 "Responsibility and Liability"를 떠올리는 정다혜는 천생 법률 통번역가다. 그래서일까. 그는 "법정에서 나를 발견한다"라고 쓴 적이 있다. "재판이 진실을 찾아가는 과정이라면 나는 그 과정에서 내가 살지 않은 다른 모습의 삶들을 통해 거꾸로 나 자신을 찾아간다. 그렇게 법정에서 인생을 배운다." 좀처럼 자아를 내세우지 않던 정다혜였기에 이 문장에 눈길이 오래 머물렀다. 정다혜가 법정에서 찾은 그 자신의 이야기를 자세히 듣고 싶었다.

"법정 안에 의자가 구분되어 있지 않아요. 그런데 어떤 사람은 마치 특별석이 있는 것처럼 수행인이 미리 와서 주변을 정리하고 먼지를 털고 해요. 그분이 저에게 와서 잘 부탁한다고, 마치 정치인이라도 된 것처럼 악수를 청하세요. 반면에 어떤 분은 혼자 한국에서 포장마차를 하며 딸 셋을 대학에 보내신 분이었어요. 포장마차를 하니까 술을 안 마실 수가 없었겠죠. 새벽에 재료를 사러 가야 하는데 대리기사가 오지 않아서 차를 조금 움직이신 거예요. 그사이에 음주운전으로 신고가 들어갔고 그래서 재판을 받게 된 분이었는데, 제가 통역을 하게 됐다고 말씀드리니까 손에 땀이 묻으셨는지 아니면 일하신 흔적이 묻어 있을까 봐 그러셨는지 허리춤에 손을 막 닦으시고서 저한테 악수를 청하셨어요. 두 분이 똑같이 저에게 악수를 청했지만 그걸 받는 저로서는 너무나 다르게 느껴지는 거죠. 사실 법정에서는 두 분의 신분이 똑같거든요. 그냥 피고인일 뿐인데. 삶을 대하는 태도가 너무 다르다는 게 보이죠."

삶을 대하는 태도. 정다혜가 쓴 책의 마지막 챕터 제목은 "가치는 스스로 만든다"이다. 지위가 없음을 근심하지 말고, 그 자리에 설 수 있는 능력이 있는지를 근심하라는 공자의 말을 인용한 그 글에서 정다혜는 전망에 휘둘리지 않고 스스로 가치를 높이는 사람이 되고 싶다고 썼다. 언어를 사용해 국익에 기여하는 일을 하고 싶었던 정다혜는 언어만 전달하는 일에서 한 걸음 들어가 이제는 법률 속에서 자신의 영역을 넓히고자 다양한 시도를 하는 중이다. 그에게도 걱정과 불안, 두려움과 실망이 있지만, 그것들은 어쩐지 와글와글한 대신 정다혜가 이끄는 대로 가만히 실려 가는 것 같았다. 고요함 속에서 정다혜가 늘 생각하는 것은 자격이다. 언제까지고 지치지 않고 눈앞에 놓인 계단을 묵묵히 오를 그의 모습이 그려졌다. 전진하는 사람, 한눈팔지 않고 정직하게 앞만 보며 오르는 사람의 이야기를 아주 오랜만에 들었다.

달시 파켓, 영화 번역가의 마음

나는 영화에 대해 잘 모르지만, 압축 뒤에 미학이라는 말이 올 수 있는 몇 안 되는 것 중 하나가 자막이라는 사실은 안다. 한 줄이 12~16자로 제한된 자막과 비슷한 것으로는 한 편이 17자로 제한된 하이쿠와 게시글 하나당 140자로 제한된 트위터가 있다. 하이쿠에는 미학이라는 말이 붙지만 트위터에는 잘 붙지 않는다. 짧게 쓰는 게 전부가 아니라는 말이다. 짧은 문장 안에 그보다 길고 크고 깊은 무언가를 담아낼 때만 아름답다는 수식어가 따라온다.

아름답다고 칭송받는 결과물을 만들어내는 과정이 결코 아름다울 수만은 없다는 것은 진부한 사실이다. 정해진 글자 수 안에 온전한 메시지를 담는 일이 쉬울 수는 없다. 일단 배우가 자막의 글자 수를 고려해 알아서 대사를 줄여 읊을 리 없고, 감독과 작가 역시 모든 등장인물의 대사를 12~16자에 맞춰 시나리오를 쓸 수 없는 노릇이다. 행여 배우와 감독과 작가가 합심하여 번역가를 배려하자며 모든 대사를 12~16자에 맞췄다 해도 마지막 관문은 남는다. 외국어와 한국어의 길이가 1:1로 대응하지 않는다는 것. 주인공이 영어로 "Hey"라고 했다면 짧게는 "야"부터 길게는 "별일 없었어?"까지 천차만별의 번역이 가능하다.

대사를 줄일 수 없다면 번역가 스스로 자막의 영역을 확장하는 건 어떨까. 스크린 하단의 왼쪽 끝에서 오른쪽 끝까지 빼곡하게 채워진 글자를 읽는 관객의 뒤통수를 떠올려보자. 마치 윔블던의 관중처럼 영화 상영 내내 고개를 도리도리해야 하는 건 둘째 치고 자막을 읽느라 배우의 얼굴을 볼 시간도 없을 것이다.

영화 번역가의 마음

그때의 영화란 종합예술이 아니라 속독력 테스트 도구에 가까울지 모른다. 영어 자막도 다르지 않다. 한 줄에 35~40자의 알파벳을 쓰도록 제한하는 경우가 많고 다큐멘터리는 드라마나 애니메이션에 비해 글자 수를 더 많이 허용하기도 하지만, 엎치나 뒤치나 비좁기는 마찬가지다.

그러니 영화 번역이란, 프로크루스테스의 침대 밖으로 삐져나온 팔과 다리를 자르지 않고 팔과 다리의 주인에게 고통도 주지 않으면서, 관절을 곱게 접어 침대 안에 쏙 들어가도록 맞추는 일에 비견할 만하지 않을까. 기적이거나 기적에 가까운 기술이거나. 영화의 섬세한 감정선까지 담아내기 위해 기꺼이 노력을 아끼지 않는 영화 번역가들에게 박수를 보낸다.

취미가 직업으로

달시 파켓은 영화 〈기생충〉의 번역가로 대중에 이름을 알렸지만, 그가 한국 영화 자막을 영어로 번역한 건 햇수로 18년째다. 지금까지 번역한 작품 수만 해도 무려 150편이 넘는다. 상업 영화부터 독립 영화까지 장르를 가리지 않고 수많은 영화의 번역 크레디트에 그의 이름이 올라 있다. 그의 진로가 처음부터 영화였던 것은 아니다. 미국 매사추세츠에서 태어난 그는 고등학생 때부터 다른 나라에 관심이 많아 학부에서 러시아 문학을 전공했고, 응용언어학 대학원에서 슬라브어 전공으로 석사 과정을 마쳤다. 한국 영화를 처음 본 것은 대학원에서 한국 친구들과 어울리며 한국에 관심을 갖게 되면서부터다. 그때 본 영화 〈서편제〉는 낯설고 어렵고 이해도 잘 안 됐다. 대학원 졸업 후 체코에서 살아볼 생각이었지만, 고려대에서 영어 강사로 일할 기회를 얻어 한국에 온 때가 1997년. 2년만 머물고 떠날 계획이었던 그는 올해로 24년째 한국에 살고 있다.

"제가 한국 영화를 좋아하는 이유는 여러 가지가 있어요. 일단 한국 영화의 솔직하고 직설적인 표현에서 에너지가 느껴져서 좋아요. 그리고 한국 영화계가 저에게 하나의 커뮤니티가 된 점도 있어요. 지금 한국에 살고 있고 한국 영화계의 구성원이 됐기 때문에, 해외에 소개할 수 있는 역할을 할 수 있어서 한국 영화가 더 특별하게 느껴져요. 지금의 한국 생활이 물론 행복하지만, 새로운 나라에서 사는 게 어떨지 여전히 궁금해요. 하지만 앞으로는 그런 경험을 할 수 없을 것 같아요. 이제는 여러 가지 이유로 한국을 떠나는 게 어려워졌어요."

달시 파켓이 한국에 왔던 1990년대 후반은 한국 영화의 화양연화라 불리는 시기였다. 〈8월의 크리스마스〉, 〈넘버 3〉, 〈조용한 가족〉, 〈처녀들의 저녁식사〉 등 뚜렷한 색깔을 담은 한국 영화들이 잇달아 관객과 만났고, 〈쉬리〉 같은 한국형 블록버스터가 등장한 것도 그 무렵이다. 하지만 달시 파켓은 아쉬움을 느꼈다. 외국인에게 한국 영화를 소개할 수단이 전혀 없었기 때문이다. 1999년에 코리안필름(koreanfilm.org)이라는 웹사이트를 열어 "취미로" 한국 영화 리뷰를 써서 올리기 시작했다. 페이지 뷰는 금세 3만을 넘었고, 하루에 6,000여 명의 방문객이 다녀갈 만큼 주목을 받았다. 그로부터 몇 년 뒤 달시 파켓은 영국의 영화 잡지 《스크린 인터내셔널》과 미국의 영화 잡지 《버라이어티》로부터 한국 영화에 대한 칼럼을 써달라는 제안을 받았고 《씨네21》에서도 고정 지면을 얻으며 한국 영화 전문 기자이자 평론가로서의 길을 걷기 시작했다.

대사와 자막이 맞아떨어지는 순간

달시 파켓이 영화 자막 번역을 시작한 건 2003년이다. 고려대에서 영어 강사로 일하던 시절, 우연한 기회로 당시 회기동에 있었던 영화진흥위원회에서 아르바이트를 시작했는데 때마침 〈살인의 추억〉의 자막 번역을 의뢰받은 것이다. 첫 번역 작품이었던 〈살인의 추억〉은 한국인 아내와 함께 작업했고, 2014년 〈국제시장〉부터 단독 번역을 시작해 지금에 이르렀다. 포털에서 달시 파켓을 검색하면 필모그래피가 길다. 봉준호 감독의 영화 대부분과 〈승리호〉, 〈택시 운전사〉, 〈암살〉 같은 상업 영화는 물론이고 〈남매의 여름밤〉, 〈우리집〉, 〈당신의 부탁〉 같은 독립 영화까지 다양한 작품에서 그의 이름을 발견할 수 있다.

"독립 영화를 번역할 때와 상업 영화를 번역할 때 다른 점은 여러 가지가 있는데 일단 대사 자체가 달라요. 상업 영화는 대사가 많고 설명도 많아야 투자를 받을 수 있는 환경이에요. 독립 영화는 대사나 설명은 많지 않지만 표현법이 훨씬 디테일하기 때문에 개인적으로는 독립 영화를 번역하는 데서 좀 더 즐거움을 느껴요. 보수는, 저예산 독립 영화가 기본적으로 보수는 낮지만 대사가 적고 러닝타임도 짧기 때문에 아무래도 일이 수월하죠. 상업 영화는 대사도 많고 또 보도자료 같은 것도 같이 번역해야 하는 경우가 많아서 시간 대비 보수를 따지면 거의 비슷한 것 같아요. 상업 영화 한 편을 번역할 시간이면 독립 영화 두 편을 번역할 수 있어요."

'번역가에겐 악몽 같은 한국 영화 6편'이라는 제목의 글이 있다. 달시 파켓이 영어로 옮기기 어려운 한국 영화를 골라 순위를 매기고 그 이유를 적은 글인데, 5위가 〈타짜〉다. 최동훈 감독의 영화는 대사가 워낙 많아 자막이 스크린에 떠 있을 시간이 거의 없는 데다 속어와 말장난이 난무해서 번역가에게는 악몽 같은 영화임이 틀림없다고 쓴 그 글에서, 달시 파켓이 번역하기 가장 어렵다고 꼽은 대사는 "나, 이대 나온 여자야"다. 이걸 영어로 어떻게 옮길 수 있을까. "I'm an Ehwa Women's University graduate(나는 이화여대 졸업생

입니다)"로 하자니 이화여대는 들어본 적도 없을 외국인에게 유머가 통할까 싶었고, "I'm a graduate of a prestigious university(나는 명문대 졸업생입니다)"로 하자니 한국적 요소를 지우는 게 되지 않을까 걱정이 됐고 "I'm a Wellesley graduate(나는 웰즐리 졸업생입니다)"로 하자니 감독이나 작가도 아닌 번역가가 배우에게 그런 배경을 만들어줘도 되는 걸까 조심스러웠다. 고민 끝에 달시 파켓이 내린 선택은 첫 번째, "I'm an Ehwa Women's University graduate"였다.

달시 파켓은 알았을까, 비슷한 고민을 약 15년 뒤에 다시 하게 되리라는 사실을. 많은 사람이 〈기생충〉 번역가' 달시 파켓의 영어 자막을 극찬하며 서울대를 옥스퍼드대로 바꾼 사례를 든다. 배우 송강호의 대사, "서울대 문서위조학과 뭐 이런 거 없나?"를 "Wow, does Oxford have a major in document forgery?"라고 바꾼 자막에서 해외 관객들은 너나 할 것 없이 웃음을 터뜨렸다. 누구도 틀렸다고 지적하기 어려운 번역이지만, 〈타짜〉를 옮겼던 2006년과 비교해 그의 번역 스타일에 변화가 생긴 것은 분명해 보였다.

"번역할 때 한국 문화를 서양 것으로 바꾸는 일은 되도록 안 하려고 해요. 그런데 상황마다 솔루션이 좀 다를 때가 있어요. 서울대를 옥스퍼드대로 바꿨던 이유는, 이건 유머니까요. 보는 사람이 곧바로 이해해야 유머가 터지는 건데, Seoul National University라고 썼다면 해외 관객들이 곧바로 알아차리고 웃을

수 있었을지 잘 모르겠어요. 그리고 사실 작업을 시작하기 전에 봉 감독님께서 이메일로 굉장히 세세하게 번역 포인트를 짚어주셨는데, 그중 하나가 서울대는 다른 대학으로 바꿨으면 좋겠다는 거였어요. 어떻게 보면 봉 감독님이 이미 결정을 한 거고 제가 거기에 따른 거죠. 사실 제 번역 원칙상으로는 그렇게 바꾸는 걸 선호하지 않기 때문에 좀 힘든 결정이었던 것도 사실이에요. 기생충이 잘돼서 해외에서까지 유명해지다 보니까 언론에서 기생충 자막 번역에 대한 예시가 필요하다고 했고, 그중 하나로 서울대를 옥스퍼드대로 바꾼 걸 말씀드렸던 것이지, 그걸 잘한 번역의 사례로 말하고 싶었던 건 아니에요."

달시 파켓의 작업 방식이 특별하다고 생각한 이유는 그가 감독과 직접 소통하며 작업하는 번역가이기 때문이다. 출판 번역으로 말하면 번역을 시작하기 전 저자에게 직접 번역 지침을 받고, 번역을 마친 후에는 저자와 나란히 앉아 한 문장 한 문장 뜯어보는 작업 방식이랄까. 결코 오역이 나올 수 없는 구조이지만 뒷목이 얼마나 뻐근할지. 혹시 답답하게 느껴질 때는 없었는지 물으니 달시 파켓은 오히려 자유롭다고 했다.

"결과물을 놓고 감독과 직접 협업할 수 있으면 결과물의 완성도가 더 높아진다고 생각해요. 많은 경우에 이메일로도 교류를 하니까 꼭 만나지 않아도 어느 정도의 교류는 하는 편이에요. 제가 감독과 협업하는 걸 선호하는 이유는 감독과 협업을 할 때 번역의 자유도가 더 높아진다고 해야 할까요. 내가 원문에서 조금 더 나간 의역을 하고 싶다면 감독과 상의를 해서 그렇게 해도 되는지 확인할 수 있는데, 혼자서 그냥 번역하면 이 번역어가 원문에서 너무 동떨어진 것은 아닌지 끊임없이 조심해야 하는 부분이 있어서 힘들어요. 협업을 하면 오히려 자유로워진다는 장점이 있어요."

세속적이고 완벽하지 않은 번역

출판 번역계와 영화 번역계는 얼마간 비슷한 것 같다. 번역가와 클라이언트를 연결하는 통로가 인맥 아니면 에이전시로 양분되어 있고, 영화사도 출판사도 새로운 번역가를 발굴하기 어려워 기존에 함께 일해왔던 번역가와 계속 일하는 경우가 많다. 어쩌면 장르를 불문하고 한국의 번역 업계 전체가 비슷한 방식으로 굴러가는지도 모르겠다. 오랜 기간 많은 작품을 번역해왔고, 몇 년 전부터는 부산아시아영화학교와 한국문학번역원에서 학생들을 만나고 있는 그인 만큼 한국의 영화 번역 업계에 관한 그의 생각이 궁금했다.

"틀이 더 잡혀야 한다고 생각해요. 지난 2년간 그 부분에 대해서 생각이 더 많아졌어요. 특히 저는 독립 영화에 관심이 많은데 독립 영화계는 특별히 더 어려워요. 제작자들이 실력 있는 번역자를 찾기 어렵고 그러다 보니까 지인들 가운데 영화 하는 분들에게 번역을 의뢰하는 형편이라, 독립 영화 영역에서 제작자들과 실력 있는 번역자를 연결할 수 있는 시스템이 필요하다고 봐요. 영화 번역은 번역 분야 중에서도 특수한 형태이고 배우는 데에도 시간이 걸리는 일이라, 영화 번역가를 교육하려는 노력도 많이 필요하고요. 또 한국에서는 번역하시는 분들끼리 서로 교류가 거의 없는 것 같아요. 영화사와 연락이 닿아서 그냥 혼자 일하는 경우가 많기 때문에, 이분들이 모여서 서로 경험을 공유하며 소통하고 개선이 필요한 부분에 대해서 지혜를 모을 수 있는 그런 움직임을 어떻게 하면 만들 수 있을지 생각을 좀 많이 하고 있고요. 〈기생충〉 이후로 그런 움직임을 시작할 수 있는 여건도 좀 더 마련된 것 같아서 계속 고민 중입니다."

번역할 때 가장 좋아하는 장르는 무엇인지 물으니 달시 파켓은 주저 없이 코미디를 꼽았다. 그는 관객으로서도 코미디를 좋아하는 듯했다. 한국 영화의 97퍼센트를 이해하지만 놓치는 3퍼센트가 있다면 바로 코미디와 펀치 라인이라고 쓴 그의 글이 떠올랐다. 지금은 어떤지 물으니 많이 좋아졌다고 말하며 쑥스러운 듯 웃었다. 코미디라. 일본의 코미디 프로그램을 보며 멀미가 났던 기억이나 미국의 스탠딩 코미디를 보며 어리둥절했던 기억은 얼마든지 있다. 유머가 주는 즐거움은 다른 감정보다 문화 할인율이 높다. 개그맨 최준이 "철이 없었죠, 커피가 좋아서 유학을 했다는 게"라고 했을 때, 어떤 각주나 부연 설명 없이 외국인도 웃음이 터지게 하려면 어떻게 번역해야 할까.

"제가 코미디 번역을 즐기는 이유는 타이밍이 가장 커요. 사실 자막이라는 게, 글자가 보이는 타이밍과 배우가 대사를 말하는 타이밍이 딱 떨어져야 하잖아요. 특히 코미디에서는 그게 굉장히 중요해요. 긴장이 이어지다가 순간 뚝 멈추면서 극적으로 웃음이 터져 나오려면, 배우가 대사를 말하는 동시에 자막에서 적절한 표현과 단어가 보여야 하거든요. 저는 그걸 굉장히 즐거운 도전이라고 생각해요. 그래서 코미디 번역이 재미있어요."

다시 그가 쓴 글이 떠올랐다. 달시 파켓이 '번역가에겐 악몽 같은 한국 영화' 대망의 1위로 꼽은 영화는 〈황산벌〉이었다. 그가 밝힌 1위의 변은 이랬다. "이 영화는 2003년에 누군가에 의해 영어로 번역됐다. 그 번역가가 보수를 잘 받았기를 빈다. 나였다면 '거시기'라는 단어가 처음 등장하는 대목에서 번역을 포기했을 것이다." 더불어 당당히 3위를 차지한 영화 〈친구〉에 대해서는 이렇게 덧붙였다. "'내가 니 시다바리가?'로 유명한 〈친구〉에 등장하는 부산 조폭 속어는 번역이 불가능할 뿐 아니라, 외국 관객에게는 1980년대 한국의 문화적 배경이 낯설다. 이 영화에는 외국 관객이 이해하기 힘든 요소가 너무 많다."

영화 번역가의 마음

달시 파켓,

영화 번역가의 마음

한때 사투리 번역이 논란이 된 적이 있다. 미국 남부 소설 속 주인공의 말투를 전라도 사투리로 번역하거나 흑인 영어를 충청도 사투리로 번역한 영미 번역서들이 거론되며, 흑인 영어와 전라도 혹은 충청도 사투리 사이에 어떤 언어학적 유사성이 있는가 하고 지적한 칼럼이 신문에 실렸고, 그로부터 얼마 뒤 해당 작품의 번역자가 자신의 사투리 번역은 정치적 의도와는 거리가 멀다는 글을 기고했다. 문제를 제기한 이의 주장처럼, 외국의 지역 사투리를 우리나라의 지역 사투리로 대응해 번역하는 일은 해당 지역에 대한 번역자의 편견을 여과 없이 드러내는 일이 될 수 있다. 그렇다면 사투리를 완전히 없앤 번역은 어떨까. KBS 드라마 〈동백꽃 필 무렵〉에는 구수한 충청도 사투리가 자주 등장하는데, 무심코 영어 자막을 켰다가 옹산 실세 찬숙의 말투가 말끔한 표준 영어로 번역된 걸 보고 아쉬웠던 적이 있다. 번역자도 달리 방법이 없었을 것이다.

"번역자에게 사투리는 좀 힘들죠. 특히 저는 부산 사투리가 나오면 굉장히 어려운데, 제일 힘든 건 사투리로 된 말의 의미가 아니라, 사투리를 쓴다는 행위 자체가 웃음을 터뜨리고 의미를 주는 장면들이에요. 그걸 관객들에게 어떻게 알릴 것인가가 번역자로서는 굉장히 고통스럽습니다. 사투리의 느낌을 살리려고 뭔가를 더해서 번역하면 그게 오히려 불편하게 느껴질 수 있어요. 상황마다 좀 다른데, 예를 들어 등장인물들이 모두 같은 사투리를 쓰면 굳이 사투리를 살리려고 하지 않아요. 서로 다른 사투리가 동시에 나온다거나 아니면 어떤 배우가 표준어를 쓰다가 갑자기 사투리를 쓴다든가 할 때, 그 사투리를 살려야 할 의미가 있다면 '이 사람의 말투가 조금 다르구나' 정도로 느껴지게 표현하려고 해요. 영어에도 표준어가 있고 비표준어가 있으니까 그런 식으로 차이를 두는 거죠. 어떤 분들은 한국의 사투리를 표현하기 위해서 호주식 영어나 흑인 영어로 번역하기도 하는데, 개인적으로 한국 사투리를 흑인 영어로 옮기는 건 적절치 못하다고 생각해서 제가 그렇게 번역한 적은 없어요. 미국에서 대학원 다닐 때 만난 교수님이 계세요. 제가 굉장히 존경하는 분인데 폴란드 문학을 영어로 번역하시거든요. 그분이 사투리는 절대로 번역하는 게 아니라는 말씀을 들려주셨어요. 만약 등장인물이 사투리를 쓴다는 걸 관객이 알아야 하는 상황이라면 그걸 따로 설명하거나 말투를 각각 다르게 할 수는 있겠지만, 단순하게 다른 지역의 사투리로 대체하는 건 안 된다고 하셨어요. 한국어로 번역할 때는, 맞춤법을 다르게 쓰거나 일부러 틀리게 써서 사투리나 특이한 억양을 표현하는 게 어느 정도 용납이 되는 것 같은데, 영어에서는 그런 부분에서 훨씬 민감해요."

달시 파켓은 〈옥자〉를 제외한 봉준호 감독의 모든 작품을 영어로 번역했고, 〈설국열차〉의 한국어 시나리오를 미국 시나리오 작가들과 함께 영어로 옮기는 일에 참여하기도 했다. "짧고 한 번에 느낌이 오게 해달라"라고 주문하는 봉 감독

영화 번역가의 마음

과의 작업은 기분 좋은 어려움이었다고 말하는 그인 만큼, 봉준호 감독이 영화 속 대사를 통해 슬쩍 내비친 번역관에 대해 어떻게 생각하는지 궁금했다.

"〈옥자〉에 나오는 '통역은 신성하다'는 대사를 저는 웃음 포인트라고 생각했어요. 사실 번역은 세속적(earthy)이거든요. 아주 현실적인 것이죠. 이론적으로 번역을 생각할 때는 굉장히 신성한 어떤 이상에 가까운 걸 생각할 수 있지만, 현실에서의 번역은 리액션을 끌어내기 위해서 이상적인 것에서 멀어질 수도 있고 타협도 해야 하고 절충도 해야 해요. 이상에 가깝게 번역하는 것과 현실적으로 관객의 반응을 끌어내기 위해 하는 번역 사이에 괴리가 있기 때문에 저에게는 그 대사가 재미있었어요."

그는 과거 인터뷰에서 번역가의 자질을 말하며 "번역은 완벽할 수 없는 일이기 때문에 이를 감내할 수 있는 성격이 필요하다"라고 말한 적이 있다. 비슷한 말을 심심치 않게 듣는다. 작가에게는 완벽하지 않은 원고를 세상에 내보일 용기가 필요하다든지. 관객의 반응을 끌어내기 위해 원래 대사를 바꾸기도 하고 뒤집기도 해야 하는 번역의 시간이 그에게는 한편으로 끊임없이 무언가를 이겨내는 시간이기도 했던 것 같다.

"완벽주의 성향이 어느 정도 있어요. 그런데 번역은 그렇게 할 수 없는 일이에요. 번역 안에서 계속 포기해야 하는 것들이 있어요. 그렇게 강제로라도 자꾸 타협하고 절충하는 경험을 하는 것이 개인적으로 제 성격에 도움이 된다고 생각해요."

번역이라는 행위를 그림으로 표현한다면 포토리얼리즘이 어울리지 않을까 하는 생각을 가끔 한다. 언뜻 보면 사진인지 그림인지 알 수 없지만 가까이 보면 세밀한 붓 터치가 눈에 보이는 포토리얼리즘 회화는, 사진과 똑같을 수는 없지만 최대한 비슷한 상태를 추구하는 화풍이다. 사진이라는 단어를 원문으로 바꾸면 번역에도 제법 들어맞는 것 같다. 원문과 똑같을 수는 없지만 최대한 비슷한 상태를 추구하는 것이 번역이니까. 완벽이 아닌 최선을 추구해야 하는 것은 번역가의 숙명이다. 어디 번역만 그럴까.

마법이 일어나는 순간

달시 파켓은 18년 차 번역가이면서 9년 차 배우이기도 하다. 그의 필모그래피에는 자막 번역뿐 아니라 단역, 조연이라는 타이틀이 제법 눈에 띄고 주연을 맡은 작품도 있다. 2010년 〈원 나잇 스탠드〉를 시작으로 〈돈의 맛〉, 〈박열〉, 〈자산어보〉 등에서 다양한 연기를 선보인 그는 사실 영화 촬영 때문에 인터뷰를 한 번 연기한 적이 있다. 김태용 감독의 〈원더랜드〉에

출연하기로 했는데 촬영 일정이 하루 앞당겨지는 바람에 그날 잡힌 인터뷰를 연기해야 할 것 같다며 사과의 뜻을 담아 정중하게 연락해온 그였다. 그 태도가 몹시 진지하게 느껴져서 달시 파켓에게는 연기도 번역의 일부일까 생각했다. 자막 번역이 감독의 의도를 언어로 옮기는 일이라면 연기는 감독의 의도를 온몸으로 옮기는 일이 아닐까. 내내 잔잔하게 웃던 그가 다른 때보다 약간 큰 소리로 웃으며 말했다.

"연기를 진지하게 생각한 적은 없어요.(웃음) 제가 워낙 영화를 좋아하기 때문에 영화에 참여할 수 있는 기회가 오면 사양을 못해요. 현장에서 팀과 같이 영화 만드는 과정이 너무 즐거워서 하는 것이지 제가 번역을 하듯이 책임감을 느끼고 진지하게 연기를 하는 건 아니에요.(웃음) 오래전부터 영화 촬영 과정이 궁금했고, 직접 참여하고 경험하는 게 그냥 좋아요."

내가 너무 심각했나. 전위예술도 아닌데 온몸으로 옮기느냐는 말이 왜 나왔을까. 침묵 속에서 오래 생각하고, 작은 목소리로 천천히 내뱉는 말투 때문인지 그는 어떤 일이든 그냥 재미로 하는 사람이 아닐 것 같았다.

"저를 표현할 때 늘 조심스러운 경향이 있기는 했는데, 한국에 와서 미국 사람으로 살다 보니까 제가 상황을 잘못 판단하는 경우가 생기더라고요. 그래서 어떤 상황에 서둘러 반응하기가 더 조

영화 번역가의 마음

심스러워지고 또 제가 한국어로 뭔가를 표현할 때는 혹시 잘못
전달되지 않을까 더 조심스럽게 표현하게 돼요. 원래도 그런 성
향이 있었는데 한국에서 외국인으로 살다 보니까 더 강해진 것
같아요."

그는 연기에 진지한 적이 없다고 했지만, 2012년 영화
〈돈의 맛〉에 출연한 배우 달시 파켓을 보면 재미로 한 연기라
고는 상상할 수 없을 만큼 진지하다. "Money is easy"라고
말할 때의 그 냉소적인 표정이란(어쩌면 그는 자신도 모르게, 의지
와 상관없이, 무의식에 이끌려 감독의 의도를 온몸으로 옮기고 있었던
게 아닐까). 하지만 연기를 대하는 자세에 관한 그의 해명을 들
으며 내 귀에 날아든 단어는 따로 있었다. 책임감. 번역에 대
해 그가 가진 책임감이란 어떤 것일까.

"제가 번역에 대해서 책임감이 있는 건, 문화와 문화 사이에서 소
개하는 역할을 할 수 있는 사람의 수가 제한적이기 때문이에요.
내년이면 제 인생의 절반을 미국에서, 절반을 한국에서 보낸 게
되는데, 양쪽 문화에 대해 어느 정도 이해가 있기 때문에 두 문화
를 연결하는 일을 할 수 있는 약간 독특한 위치에 있을 수 있었어
요. 물론 한국 영화를 소개하고 가르치는 다른 분들도 계시지만,
전체적으로 봤을 때 그 수가 많지 않기 때문에 그중 한 명으로서
책임감을 느껴요."

앞서 달시 파켓은 연기에 관해 말하며 팀으로 작업하는 과정이 즐겁다고 했다. 늘 혼자 일하면서도 어떻게 하면 더 혼자 일할 수 있을까 고민하는 내게 그의 말은 썩 와닿지 않았다. 혼자서 일할 때 고독을 견뎌야 하는 대신 돌발 변수를 줄일 수 있는 장점이 있다면 팀으로 하는 일은 정확히 그 반대다. 연대감 속에서 일할 수 있지만 갈등을 피할 수 없다. 어떤 견딤이 덜 고통스러운가의 문제가 아닐까. 하지만 달시 파켓이 뒤이어 들려준 이야기는 내가 생각한 것과 조금 달랐다.

"저는 창조적인 일에 항상 끌리는데, 창조적인 일을 할 때 팀으로 하는 것과 혼자 하는 건 굉장히 달라요. 제 주요 관심사인 번역이나 글쓰기는 혼자 집중하는 시간이죠. 그러다 보면 저에 대해 새롭게 발견하는 부분들도 있어요. 팀으로 일할 때는 아무래도 여러 사람이 함께 일하다 보니까 예측 불가능한 요소가 생기고 그 안에서 마법 같은 게 일어나는 것 같아요. 그런 경험 때문에 연기를 계속하게 되고요. 앞으로 또 연기 제안이 온다면(웃음) 고민될 것 같아요. 하고 있는 일이 너무 많아서 냉정하게 생각하면 연기를 안 해야 하는데, 거절할 자신이 없어요. 재미있어요."

내면에 집중하는 시간을 좋아하면서도 함께 일하는 과정에 마법이 일어난다고 믿는 사람. 번역을 즐기면서 촬영 현장도 마다하지 않는 사람. 그가 영화를 좋아하는 이유는 그의 이런 성향을 영화가 전부 아우르기 때문일까.

영화 번역가의 마음

"다른 문화 사람들이 서로를 이해하는 게 굉장히 중요하다고 생각해요. 그런 관점에서 영화가 다른 문화권에 속한 사람들을 연결하는 좋은 매개체가 된다고 생각해요. 가본 적 없는 나라여도 그 나라에서 만들어진 영화를 보면, 그 나라에 대한 이미지가 생겨서 제 안에 남고 또 그게 가보지 않은 나라에 대한 기억을 만들기도 해요. 100퍼센트 정확한 표현은 아닐 수 있지만 그 나라와 저 사이의 연결을 도와주는 매개가 돼요. 그게 제가 한국 영화 관련 일을 계속하는 큰 동기예요. 저는 한국 영화가 전 세계 영화 시장을 석권하거나 정복하는 일에는 관심이 없어요. 문화와 문화 사이를 연결하는 매개체로서 한국 영화의 역할에 주목한다고 보는 편이 맞겠습니다."

인터뷰도 번역이라면 나는 달시 파켓을 번역하는 중이다. 그가 들려준 말 이전에 그의 머릿속에 존재했을 생각의 덩어리는 무엇이었을까. '창조적인 일'과 '다른 문화'가 아닐까라고 내 멋대로 짐작했다. 달시 파켓은 그것을 영화라는 언어로 번역하는 중일 거라고.

"새로운 걸 계속 추구하는 성격이에요. 미국에 대해서도 물론 제가 좋아하는 부분도 있지만 마음에 들지 않는 부분도 있어요. 한편으로는 새로운 나라에서 사는 게 저에게는 마음이 더 편하다고 해야 할까요. 낯선 문화 속으로 들어가면 저에 관한 새로운 점을 발견하게 되고, 그런 경험이 다시 저를 바꾸는 그런 흐름이 있어요. 새로운 문화에 적응하면서 새로운 나를 찾아가는 도전적인 과정을 제가 굉장히 즐기는 것 같아요. 그런 걸 생각하면 몇 년마다 계속 새로운 나라를 찾아다녔을 수도 있었을 것 같은데, 어쩌다 보니 한국에서 제 일을 찾게 됐고 가정을 꾸리게 돼서 한국에 계속 머물고 있어요. 하지만 배경이 전혀 없는 새로운 문화권에 가서 새로운 경험을 하는 걸 아직도 굉장히 좋아합니다."

달시 파켓은, 완벽한 번역은 불가능하다는 사실을 번역자는 감내해야 한다고 했다. 타인의 세계를 완벽히 알 수 없듯 타인을 완벽하게 이해하는 일 또한 불가능하다. 내가 할 수 있는 일은 내 눈에 비친 달시 파켓이라는 사람의 윤곽을 그리는 것까지다. 아마 그마저도 완벽하지는 않겠지만 죄책감은 들지 않았다. 대신 인터뷰를 마치고 돌아가는 길에 그가 말한 '마법'이라는 단어를 생각했다. 영화나 드라마가 아닌 현실 속에서 마법이라는 말을 마지막으로 듣거나 말해본 게 언제였더라. 낯설면서도 알 것 같은 단어였다.

내게 마법은 인터뷰다. 어제까지 남이었던 그가 오늘은 내게 자신의 과거와 현재와 미래를 들려주는 일. 그가 어떤 사람일 것이라 상상하며 매번 인터뷰 장소에 가지만 내 상상이 얼마나 얕은 것이었는지 매 순간 깨닫게 되는 일. 나는 밤새 인터뷰라는 마법의 힘을 빌려 인터뷰이라는 미지의 세계를 여행한 뒤 새벽녘 아무도 모르게 방으로 돌아와 여행의 추억을 곱씹는 아이가 된 것 같았다. 영화 속에서 추억이 많은 아이는 대개 좋은 어른이 된다. 다음 여행지가 사막일지 해변일지 알 수 없지만, 그럼에도 터무니없이 설레는 마음으로 다음번 마법을 기다리며 여행이 언제까지고 계속되면 좋겠다고 생각했다.

김유진, 군사 통번역사의 마음

인류를 계발하는 것은 사랑보다 전쟁인가 하는 생각이 들 때가 있다. 존재감을 느끼지 못할 만큼 가까운 일상의 것들이 원래는 군사 목적으로 만들어졌다는 사실을 알게 됐을 때 그렇다. 볼펜은 1차 세계대전 중 전쟁 소식을 빠르게 전달해야 하는 와중에 잉크를 계속 채워야 하는 만년필에 불편함을 느낀 헝가리 신문기자가 만들었고, 손목시계는 작전이 언제 시작되고 끝나는지 정확히 알기 위해 만들어진 군수품이었다. 트렌치코트는 병사들을 위한 비옷이었으며 선글라스는 공군 조종사들의 시력을 보호하기 위해, 랩은 총알과 화약을 습기로부터 보호하기 위해 만들어졌다고 한다. 전쟁과 거리가 멀어 보이는 생리대조차 1차 세계대전 때 프랑스 간호사들이 부상당한 군인을 치료하다 아이디어를 얻었다고 하니, 필요가 발명의 어머니라면 전쟁은 필요의 할머니라고 해야 할까.

전쟁이 낳은 뜻밖의 발명품은 또 있다. 동시통역이다. 세계 최초로 동시통역이 이루어진 곳은 뉘른베르크 재판소다. 전쟁이 끝나면 상대편 장수를 즉결처분하는 것이 과거의 관례였다면, 2차 세계대전 후 합리와 명분의 중요성이 커지면서 전쟁을 촉발한 책임자를 가리거나 전범에게 합리적인 양형을 구형하기 위해 재판이라는 과정을 거치게 됐다. 나치 전쟁범죄를 심판한 뉘른베르크 재판은 역사상 최초의 국제군사재판이었을 뿐 아니라 영어, 독일어, 프랑스어, 러시아어 간 동시통역이 지속적으로 이루어진 최초의 대규모 행사였다. 당시 재판장에는 IBM사가 만든 동시통역 장비가 사용됐고, 판사와 검사와 변호인들은 헤드셋을 통해 동시통역되는 증인의 진술을 다양한 언어로 들었다.

　　뉘른베르크 재판소의 동시통역 시스템은 얼마 뒤 아시아에 도입됐다. 비슷한 시기에 일본에서는 도쿄 재판이 열리는 중이었다. 도쿄 재판의 피고국은 일본, 원고국은 연합국과 여러 피해국이었으므로 일본어와 영어뿐 아니라 프랑스어, 네덜란드어, 독일어, 러시아어, 중국어, 몽골어 통역이 없이는 재판이 성립할 수 없었다. 하지만 당시 일본으로서는 이 모든 언어에 능통한 언어 전문가를 구할 수 없었다.

　　일본의 통번역학자 다케다 가요코에 따르면, 도쿄 재판 서기국은 1946년 8월 23일에 뉘른베르크 재판소에 전보를 보냈다. 뉘른베르크 재판소에서는 어느 나라의 언어가 사용되는지, 한 번에 몇 명의 통역사가 배석하는지, 증인석과 통역사석의 거리는 얼마나 떨어져 있는지, 통역사를 위한 공간의 크기는 어느 정도여야 하는지 등 세세하게 문의했다. 나흘 뒤, 뉘른베르크 재판소는 꽤 상세한 답변을 도쿄 재판 서기국에 들려주었고, 도쿄 재판소는 일주일간 휴정한 뒤 재판장을 정비했다. 뉘른베르크 재판에서 사용된 것과 같은 종류의 IBM 동시통역 장치를 설치했고, 뉘른베르크 재판에서와 최대한 비슷하게 통역 부스도 만들었다.

　　당시 도쿄 재판은 일본 육군성 건물 강당에서 열렸는데 그중에서도 통역 부스가 설치된 단상은 전쟁 때 일왕이 앉는 옥좌가 놓였던 자리였고, 그곳에 오르기 위한 계단은 한때 일왕만 밟을 수 있었던 특별한 것이었다. 그러니까 도쿄 재판의 통역사들은, 전쟁 중 일왕만 사용할 수 있었던 계단을 매일 오르내리며 일왕이 앉았던 옥좌에 마련된 통역 부스에 앉아 승전국의 언어를 패전국의 언어로 때로는 그 반대로 전한 셈이다.

우리나라에서 최초로 동시통역사가 주목을 받은 순간에도 세상은 전쟁 중이었다. 국내 방송사가 최초로 동시통역사를 전면에 내세워 녹화와 편집 없이 생생하게 전달하고자 했던 것은 1991년 걸프전 상황이었다. CNN이 생중계하는 내용을 그대로 전달하는 방식이었는데, 당시 신문 기사에 따르면 CNN 바그다드 특파원의 보도 내용을 통역할 때는 화면 송신이 불가능해 오직 음성에만 의존했던 탓에 통역이 원활하지 않았고, 사상 최초로 이루어지는 동시통역 방송이다 보니 방송 후 시청자들로부터 '내가 더 잘할 수 있다'는 전화가 빗발치기도 했다고 한다.

군인이 된 통역사

한 전쟁이 끝날 무렵에 생겨난 동시통역은 다른 전쟁을 중계하는 도구로 주목을 받았지만, 지금 통역을 말할 때 전쟁을 떠올리는 사람은 없다. 볼펜으로 메모를 할 때 폭발을 피해 몸을 웅크렸을 헝가리 신문기자를 떠올리지 않고, 먹다 남은 반찬을 랩으로 싸며 총알과 화약을 생각하지 않듯, 이제는 통역사의 자리라고 하면 각국 정상이 만나는 회담장이나 아카데미 시상식 등을 떠올리는 게 자연스럽다. 하지만 나는 궁

군사 통번역사의 마음

금했다. 동시통역의 모태인 군에서 지금 통역은 어떤 모습을 하고 있을까. 내게 군과 언어에 관한 이야기를 들려준 사람은 해군사관학교 러시아어 교관 김유진 대위였다.

여성 군인에 심지어 통역사라니. 김유진에 관해 알게 됐을 때, 처음에는 그의 다부진 미소에 다음에는 그의 이력에 감탄했다. 통번역대학원에서 한노과 국제회의 통역을 전공한 뒤 일반 기업체 통역을 몇 건 경험한 김유진은 2016년에 해군사관학교 교수 사관이 되어 5년째 생도들에게 러시아어를 가르치는 한편 해군과 국방부 등에서 러시아어 통번역을 하고 있다. 한러 해상사고방지협정 이행협의회의 통번역, 한러 국방 전략대화 통역, 한러 해군양해각서 번역, 군사 교리 선정 도서 『장갑함 아드미랄 우샤코프』 번역까지, 임관 이래 40여 건의 통번역을 도맡아온 그는 국방부 장관급 개인 표창을 비롯해 여러 건의 통역 및 번역 유공 표창을 받았다. HBO 드라마 〈체르노빌〉에 삽입된 러시아어를 번역한 건 덤이다.

통번역을 하는 군인은 많지만 통번역에 관해 철학을 가진 군인을 만나기는 쉽지 않다. 그도 그럴 것이 군인의 핵심 업무는 전투와 훈련인 만큼 다른 업무는 주변적인 것으로 치부되는 것이 자연스럽기 때문이다. 김유진 이전에 연락이 닿았던 군인들이 그랬다. 하지만 김유진의 중심은 흔들림 없이 통번역이었고, 그 단단한 신념은 짙은 남색 해군 제복으로도 가려지지 않았다.

김유진.

해군에서 복무 중인 김유진입니다

김유진이 러시아어와 처음 만난 건 고등학생 때였다. 외고에 재학할 당시 러시아 반에 배정을 받았다. 스스로 선택한 언어는 아니었지만 진로를 바꿀 만큼 싫지도 않았다. 러시아어는 재미있었지만 어떤 꿈을 꿀 수 있는지 알지 못했던 그에게, 처음으로 길을 보여준 사람은 학부 때 만난 러시아어 담당 교수였다. 러시아어에 대한 열정이 얼마나 뜨거울 수 있는지 스승을 통해 알게 된 김유진은 본격적으로 통번역사를 꿈꾸기 시작했고 학부를 졸업한 이듬해에 통번역대학원 한노과에 입학했다. 고등학교 때부터 지금까지 15년째 러시아어와 함께하고 있는 김유진에게 러시아와 러시아어는 어떤 의미일까.

"사람마다 자기에게 맞는 외국어가 있잖아요. 저는 러시아어와 잘 맞아요. 문법 체계를 알기만 하면 이만큼 딱 떨어지는 언어가 없어요. 이 언어가 가진 정교함이 마음에 들어요. 제가 러시아 문화를 좋아하는 이유는 많은데, 그중 하나가 러시아만의 싸구려 감성이 있다는 거예요. 이런 표현 써도 되나요?(웃음) 비하하는 건 아니고요, 우리도 1990년대 노래 들으면 촌스럽지만 계속 듣게 되잖아요. 러시아는 요즘 노래에도 그런 느낌이 계속 있다고 보면 돼요. 그게 처음에 들었을 때는 웃겼는데 계속 듣다 보면 정이 가고 중독성이 있어요. 그런데 아직도 러시아라고 하면 소련을 생각하는 어르신들이 많아요. 이념에 갇혀서 그 나라를 오롯

군사 통번역사의 마음

이 못 보고 계신 분들을 보면 안타깝죠. 러시아는 우리나라를 그렇게 나쁘게 보고 있지 않거든요. 오히려 한국 이미지가 좋은 편이에요. 일상적으로 한국 제품을 많이 쓰기 때문에 한국을 꽤 친숙하다고 생각해요."

금일 22시에 이후 답장 드리겠습니다, 주말간 생각해 가겠습니다, 작가님, 커피 드십니까? 김유진을 만나기 전 문자와 메일로 소통하는 내내 그가 보여준 군대식 말투가 무척 인상 깊었다. 인터뷰에서도 소위 '다나까' 위주의 각 잡힌 말투만 듣게 될 줄 알았던 내 예상과 달리 김유진은 시종일관 유머러스한 대답을 들려주었다. 2016년 하반기에 난생처음으로 군 생활을 시작한 그에게 이전과 가장 크게 달라진 점이 무엇인지 묻자 이렇게 답하는 식이었다.

"제가 원래는 네일아트를 좋아했어요. 페디큐어도 자주 받고. 그런데 입대한 후로 그걸 해 본 적이 없어요. 또 귀도 많이 뚫고 염색도 자주 했는데 그런 걸 못 해서 처음에는 너무 아쉬웠거든요. 지금은 적응했다고 느끼는 게, 가끔 면접 보러 오시는 분들이 머리를 풀고 오시면 그걸 보고 제가 깜짝 놀라더라고요. 어떻게 머리를 산발을 하고 왔지?(웃음) 사실 그럴 수도 있는 건데. 나도 그랬을 텐데. 지금은 그런 모습에 약간의 불편함을 느끼는 자신을 발견하면서 '아, 내가 군인이 다 됐구나, 군인물 이거 언제 다 빼나' 생각해요."

군사 통번역사의 마음

김유진에게 던져야 할 질문 중 제외할 수 없는 것이 있다면 여성으로서의 군 생활에 대한 것이었다. 김유진에 따르면 그가 임관할 때 전체 해군의 7퍼센트가 여성이었고, 지금은 14퍼센트에 약간 못 미치며 앞으로 20퍼센트를 넘기는 것을 목표로, 적극적으로 여성 해군을 뽑고 있다고 했다. 상사부터 부하까지 대부분이 남성으로 채워진 곳에서 여성으로 일하기는 어떨까. 여군으로서 어려운 점은 무엇인지 물으니 김유진은 어느 때보다 눈을 크게 뜨고 고개까지 저어가며 이렇게 말했다.

"눈에 엄청 띄어요. 제가 예쁘거나 잘나서가 아니라 여군이라는 이유만으로요. 특히 제가 임관을 했을 때는 여군이 지금보다 더 적었기 때문에 관심을 엄청 많이 받았어요. 퇴근 후에 식당에서 밥 먹고 있으면 갑자기 '너 어제 거기 왜 갔어?' 이렇게 물어보세요. 저를 어디선가 목격하고 물어보시는 거죠. 또 운동을 열심히 하고 있으면 '유진이 운동해?', 반대로 운동 안 하고 있으면 '유진이 운동 안 해?'. 만약에 그제 맥줏집에 있었는데 어제도 맥주를 마셨다면 저는 술만 먹는 사람이 되는 거예요.(웃음) 남군이었으면 이렇게까지 관심을 안 가졌을 텐데 워낙 눈에 띄다 보니까 계속 회자되고 처음에는 그게 엄청 부담스러웠어요. 지금은 나이가 들어서 그런지 좀 덜해요. 그리고 군인들이 결혼을 굉장히 일찍 하는 편이에요. 이십대 중반에는 대부분은 결혼을 하고 삼십대 들어서면 자녀가 둘 정도 있는 게 보통이고. 물론 그중에도 결혼을 늦게 하거나 비혼을 고수하는 사람도 있기는 하지만 전통적인 가족관을 선호하는 분위기가 있습니다."

통번역대학원 졸업자가 군인이 되는 경우는 흔치 않다. 김유진 역시 통번역대학원에 다닐 당시만 해도 군인이 되리라고는 생각지 못한 것 같았다. 어린 시절의 장래 희망 중 간접적으로라도 군인과 관련한 것이 있었을까.

"제가 다니던 고등학교에서 해군사관학교 입시 홍보회가 열린 적이 있어요. 사관학교라는 게 있다는 걸 그때 처음 알았고 굉장히 멋있더라고요. 그때 키 제한이 좀 높았어요. 160센티미터 미만이면 여생도라도 지원할 수가 없더라고요. 그래서 키가 좀 작으면 안 되냐고 물었더니 158센티미터까지는 봐준다는데, 너무 억울한 거예요. 요즘 세상이 어떤 세상인데 키 작다고 지원 자체가 불가하다니. 그때 펑펑 울었어요. 참군인 마인드와는 전혀 상관없이 기회조차 없다는 게 화가 났어요. 그래서 해군사관학교 교수 사관 지원 공고가 났다고 했을 때 제일 먼저 본 게 키였어요. 그사이에 매년 키 제한이 조금씩 낮아져서 153센티미터까지 내려왔더라고요. 제가 딱 153센티미터거든요. 10년 전에는 키가 작아서 안 됐지만 10년 사이에 7센티미터나 낮아졌으니 이제 들어가야겠다고 생각을 했죠. 지원하면서도 10년 전 생각이 나더라고요."

김유진은 통번역대학원을 졸업한 뒤 일반 기업체를 대상으로 프리랜서 통번역을 하다 우연히 해군사관학교의 채용 공고를 보고 지원했다. 사실 나는 교수 사관이라는 보직이 있는 줄을 김유진을 통해 처음 알았다. 일반 대학교와 마찬가지로 사관학교에서도 교양 과목을 배우기 때문에 군사 외의 분야에 대해 가르칠 교수가 필요하다고 김유진은 설명해주었다. 더불어 군 복무를 하며 연구와 교육 경력을 이어나갈 수 있다는 점에서 연구자를 꿈꾸는 이들에게는 최상의 보직일 수 있다는 말도 덧붙였다.

"육해공군 사관학교에서 교수를 뽑는 절차가 여러 개 있는데 그 중 하나가 교수 사관이에요. 선발 시기는 일반 학사와 같지만, 기수마다 뽑지는 않고 비정기적으로 자리가 나요. 선발 절차 자체가 까다롭다기보다는 그 기준을 맞추기가 은근히 어려운 게, 자격 요건이 석사 이상 졸업자이면서 나이가 만 27세 미만이어야 하거든요. 나이 제한이 있는 이유는, 임관하면 소위로 시작하는데 군에서는 계급 정년 때문에 소위의 나이가 27세 미만으로 정해져 있기 때문이에요. 그런데 남자분들은 보통 대학교 때 군대에 가잖아요. 졸업하고 다시 군에 들어오고 싶은 사람은 적고, 또 기수마다 매번 뽑는 게 아니다 보니까 언제 날지 모르는 자리만 보고 준비하기도 쉽지 않죠. 교수 사관으로 오시는 분들이 대부분 밖에서도 공부하던 분들이라 교수 사관으로 있으면 본인이 하던 연구도 계속할 수 있고, 강의 경력에도 도움이 되니까 일반 사병으로 가는 것보다는 선호하시는 것 같아요. 선발 절차는, 처음에는 서류를 보고 그 뒤에 평가 강의를 해요. 통과되면 바로 입대해서 3개월 훈련을 받고요. 훈련을 받으면서 신체검사와 체력 검정을 하는데, 훈련을 마치고 나면 거의 통과할 수 있는 수준에 이르게 돼요. 아침부터 밤까지 구르고 뛰면 안 될 수가 없죠. 또 상대평가가 아니라 합격선만 넘기면 되거든요. 그런데 하다 보니까 욕심이 생기더라고요. 한 등급만 더 올려보자. 제가 달리기가 몇 초 모자란 바람에 특-특-특을 못 받았어요. 특-특-1급이라 아쉽더라고요."

교수 사관은 교수이지만 그 전에 군인이다. 정기적으로 사격 훈련이나 화생방 훈련을 받고, 각종 군 행사를 안내하거나 진행하는 일도 맡아야 한다. 자신이 속한 학과의 강의와 행정 업무는 물론이고 당직 근무도 있다. 이런저런 일들을 하다 보면 연구할 시간이 아주 많다고 할 수는 없다고 김유진은 털어놓았다. 하지만 어느 직장이든 마찬가지라고, 연구란 자신의 시간을 쪼개서 해야 하는 것이라는 말도 덧붙였다.

"힘든 점이 없다면 거짓말이죠. 해군이라 겪는 어려운 점은, 태풍이 발생했다는 말만 들어도 일단 경계 태세예요. 일이 많아져요. 태풍경보가 발령되면 태풍 오기 몇 시간 전부터 배들을 모두 피항시키고, 시설물이 날아가지 않게 결박하고. 또 태풍 때 위험이 발생할 여지가 있는 장소나 건물별로 돌아가면서 당직을 서거든

군사 통번역사의 마음

요. 태풍이 완전히 지나갈 때까지 거의 난리가 나는데 이것도 군인이니까 해야 하는 일이죠."

글을 쓰고 있는 지금, 두 개의 태풍이 각각 중국과 일본에 상륙했다는 소식이 들린다. 다행히 우리나라에 상륙하는 태풍은 아직 없는 것 같다. 기사를 검색하니 "해군에게는 태풍과의 싸움도 전투", "태풍 대비 50일 작전 돌입"이라는 제목의 옛 기사가 눈에 들어왔다. 올여름, 김유진도 해군도 부디 평화롭기를.

험난한 불의의 길

만나자마자 군인으로서의 삶에 관해 쉼 없이 이야기한 그였지만, 사실 김유진의 첫인상은 장난기 많은 반장에 가까웠다. 공부 잘하면서 성격도 유쾌해 친구들에게 인기가 많았던 옛날 우리 반 반장. 시종일관 유쾌한 김유진을 생도들은 어떻게 보고 있을까. 학창 시절 어려운 과목을 담당하는 선생님들에게는 대개 길긴 별명이 붙었다. 기억나는 건 제물포라고 불렸던 물리 선생님, 미친 캔디라 불렸던 영어 선생님이다. 김유진의 별명이 궁금했다.

"생도들 입장에서는 가끔 쉬운 길을 가려고 외국어를 전공으로 선택할 때가 있더라고요. 예를 들어 조선공학이나 무기체계 같은 전공은 어렵잖아요. 그런 과목에 비해서 일본어나 중국어 전공이라고 하면, 이미 어느 정도 할 줄 아는 생도들이 선택하는 경우가 많고, 그러면 실제로 쉽게 느껴질 수 있겠죠. 그런데 저는 외국어 전공이 쉽다는 말을 듣는 게 너무 싫고, 실제로 제 수업을 듣는 생도들이 많이 노력한다는 것도 알아요. 과목 시수가 한정적이어서 단시간 안에 생도들을 어느 정도 수준으로 끌어올리려면 과제도 많이 내줘야 하고 좀 괴롭혀야 하거든요. 그러다 보니까 생도들이 러시아어 전공을 '험난한 불의의 길'이라고 불러요. 일본어나 중국어처럼 편안한 불의의 길도 아니고, 무기체계처럼 험난한 정의의 길도 아니고, 이건 그냥 험난한 불의의 길이라고, 자기들끼리 자조적으로 말하더라고요. 그래서 어려운 언어를 배운다는 것에 자부심을 느끼라고 말해주는데, 다들 졸업하기 전까지는 그걸 못 느끼다가 졸업할 때쯤 되면 후배들을 더 괴롭혀달라고 말해요. 이 고통을 후배들에게도 고스란히 전해달라고."

험난한 불의의 길은 김유진에게도 있었다. 군인 김유진에게 주어지는 각종 국방 문서들이 험난한 정의의 길이고, 통역사 김유진에게 주어지는 다소 무게감이 덜한 일반 문서들이 편안한 불의의 길이라면, 드라마 〈체르노빌〉의 러시아어 자막은 국방과는 관련이 없지만 어지간히 골머리를 앓게 했던 험난한 번역이었다.

"〈체르노빌〉이 미국 드라마잖아요. 그런데 갑자기 러시아어 번역자를 구한다고 해서 저도 좀 의아했어요. 영상을 보니까 제작진이 일부러 러시아어를 넣은 부분이 2화에 있었고, 배급처에서는 그걸 다 번역하고 싶었는지 번역사를 알아보던 중에 동기 언니가 저를 이어줬어요. 드라마에 삽입된 방송 멘트만 번역하면 된다고 해서 하루면 되겠지 하고 덜컥 맡았는데, 들어보니까 운율이 있는 거예요. 느낌이 이상하다 했죠. 내용도 엄청 암울해요. 계속 이상하다 하면서 러시아어로 들리는 대로 쳐봤어요. 그랬더니 실제로 있는 시더라고요. 시 원문이 엄청 길어서 어느 부분을 잘라서 읽느냐에 따라 의미가 다른데, 드라마에 삽입된 부분은 시를 교묘하게 편집한 거였어요. 전쟁터에 나갔고 내가 돌아갈 곳은 조국인데, 번쩍번쩍한 빌딩이 있는 화려한 대도시가 아니라 조그마한 시골에 선조들의 무덤이 있는 그런 소박한 곳이 내 조국이라는 내용으로 읽힐 수도 있고, 반대로 조금 다르게 해석하면 국가를 위해서 싸웠지만 결국 내 터전을 잃었다, 이렇게도 해석되는 부분이 있었어요. 둘 중에 어떤 맥락으로 편집을 한 건지 알아야 하니까 드라마를 다섯 번을 더 봤어요. 그냥 옮기기만 한다면 어렵지 않았을 텐데 그렇게만 하면 시가 아니잖아요. 정서 전달이 안 되죠. 그래서 어투를 어떻게 잡을지를 두고 고민을 많이 했어요. 처음에는 원문 그대로 일단 번역하고, 나중에는 원문 안 보고 한국어만 보면서 여러 번 고쳤죠. 내가 시인이다 하는 마음으로. 정말 고민되는 표현은 주변 사람들한테 한국어만 보여주고서 이 문장과 이 문장 중에 뭐가 더 괜찮냐고 물어보고 또 같이 번역하는 다른 언니들한테도 물어보고 그렇게 했어요. 처음부터 시인 줄 알았으면 시간을 더 달라고 했을 텐데.(웃음) 맡기시는 분들도 모르셨겠죠."

드라마 〈체르노빌〉에 삽입된 시는 러시아의 문인이자 종군기자였던 콘스탄틴 시모노프의 「알료샤, 자네는 스몰렌시나 거리를 기억하는가」라는 작품이다. 4행씩 총 12연으로 구성된 긴 시로, 전체 맥락은 전쟁의 참화로 고통받는 이에게 바치는 위로와 조국애를 노래하는 시이지만, 드라마 속에서는 역설적이게도 국민을 지키지 않는 조국이지만 그럼에도 자긍심을 가져야 한다는 맥락으로 읽히도록 편집이 됐다. 김유진은 당시의 번역 여담을 들려주었다.

"배급사 쪽에서 제 번역을 약간 다듬어주셨는데, 당시에는 여유가 없어서 수정된 줄을 몰랐다가 나중에 스트리밍 자막을 보고서야 알았어요. 오류라면 오류라고 할 수 있는 게 있더라고요. 제가 조국이라고 번역한 단어가 어색하다고 생각하셨는지 전부 러시아라고 바꿔주셨는데, 드라마 배경이 1986년이거든요. 그때는 아직 러시아라는 나라가 없었어요. 엄밀히 말하면 소련으로 바꿨어야 했죠. 이 점이 살짝 아쉬웠습니다. 그리고 이건 진짜 여담인데요. 제가 '옛 러시아인의 정신으로 당당히 가슴을 내밀었다'라고 번역한 부분이 있는데, 이게 러시아인의 관습을 말하는 것이거든요. 중세부터 러시아인들이 하는 제스처 중에 셔츠를 찢어

가슴을 보이는 제스처가 있는데, 신앙심이나 충성심 또는 진심을 강하게 호소할 때 하는 행동이에요. 러시아라는 국가의 정신이랑은 좀 달라요. 그런데 '옛 러시아의 정신으로'라고 바꿔주셨더라고요. 한국어 문장만 봤을 땐 그렇게 바꿔주신 게 자연스럽게 들려서 더 좋은 번역이 된 것 같아요."

드라마 〈체르노빌〉 외에 김유진이 번역한 것 중 일반인이 알 만한 건은 일본 해상초계기 저공 위협 비행 사건이 있다. 2018년 12월, 일본은 동해에서 북한 어선 구조 활동을 하던 우리 해군 함대를 향해 비정상적인 저공 위협을 한 뒤 오히려 우리 군이 쏜 레이더 전자파에 맞았다며 재발 방지를 요구했고, 2019년 1월에는 세 차례나 더 저공 위협 비행을 감행한 뒤 일본 초계기가 촬영한 영상을 일방적으로 공개해 논란을 키웠다. 국방부는 일본의 주장을 반박하고 사과를 요구하는 영상을 제작한 뒤 8개 국어로 번역해 SNS에 배포했는데, 이 영상의 러시아어 번역을 김유진이 맡았다. 연일 허위 주장을 쏟아내는 일본의 대응이 도마 위에 오르며 언론에서도 크게 보도가 됐던 사건이라 여론의 관심이 컸고 그만큼 번역하는 마음도 가볍지 않았을 것 같았다.

"일본이 일방적으로 영상을 공개하면서 외교 문제로 번지다 보니까 사실상 다른 나라도 알 수밖에 없었고, 우리 정부도 명확하게 대응을 해야겠다고 생각했던 것 같아요. 그때가 주말이었거든

요. 갑자기 번역을 해야 된다고 연락을 받고 급하게 부대에 들어가서 보니까 상황이 급박하더라고요. 언론에서도 크게 다루는 사안인 데다 영상 제목도 '국방부 입장' 이렇게 들어가니까 너무 무섭고, 또 공식적인 건데 어휘 선택을 잘못해서 러시아 사람들이 보기에 이해가 안 되거나 우스워지면 안 되잖아요. 그런 것도 신경 쓰였고 거기다 또 자막이다 보니까 짧아야 하는데 러시아어는 원래 길어요. 주어진 시간은 하루였어요. 다행인 건 외교부에 대통령 통역을 담당하는 사무관님이 계신데, 그분이 감수를 해주셨어요. 더블 체크를 해주셔서 정말 다행이었죠. 끝나고 나서는 내가 군인이기 때문에 할 수 있는 일이었구나 싶어서 영광스럽기도 했어요. 언어를 막론하고 거의 모든 영상 아래에 한국인과 일본인이 싸우는 댓글로 도배가 됐는데, 아주 가끔 러시아인들이 우리 쪽 입장을 지지해주는 댓글을 보고, 내가 한 일이 조금이나마 영향을 줄 수 있구나 생각했습니다."

김유진은 소속인 해군본부뿐 아니라 다양한 기관에서 통역을 했다. 그에게 유공 표창을 수여한 기관만 봐도 국방부, 해군본부, 해군사관학교, 국군간호사관학교, 3군 사관생도 합동순항훈련전단, 국제관함식기획단, 해군전력분석시험평가단 등 다양하다. 기관마다 통역 스타일에 차이가 있을까.

"기관마다 다르다기보다는 지휘관의 성향에 따라 다른 것 같아요. 매번 어디를 가든 제일 먼저 보는 게 이 회의의 장이 누군가

거든요. 굉장히 중요합니다. 그분 성향이 오픈 마인드이신지, 엄격한 분이신지, 의전에 신경을 많이 쓰시는 분인지, 허심탄회하게 말씀하시는 스타일인지를 파악해야 그 스타일에 맞는 통역이 나오니까요. 거기에 더해서 어떤 자리인가에 따라서도 통역 스타일이 달라져요. 예를 들면 저희가 러시아에서 온 손님을 대접해야 하는 행사도 있어요. 그때는 최대한 유하게 좋은 분위기로, 한러 관계와 양국의 국방 협력에 도움이 되는 분위기가 중요하니까 좋은 표현을 많이 쓰려고 하죠. 만약에 언쟁이나 논쟁의 소지가 좀 있을 만한 회의다, 예를 들어서 뉴스에도 많이 나왔지만, 카디즈에 들어온 러시아 전투기에 대해서 우리가 항의를 하고 싶다 혹은 항의까지는 아니더라도 여기 들어오기 전에 사전에 알려달라, 이런 식으로 요청을 할 수도 있는데, 이럴 때는 민감한 문제이기 때문에 어조나 단어 선택을 특별히 잘해야 된다는 생각을 해요."

가장 뿌듯했던 통역으로는 3군 합동순항훈련을 꼽았다. 군사 분야의 문외한인 나로서는 육해공 3군이 동시에 훈련을 한다는 사실도 놀라웠지만, 순항훈련이 무엇인지 알아내는 일도 쉽지 않았다. 답은 국방부 유튜브 채널에 있었다. 3군 합동순항훈련이란 임관을 앞둔 육·해·공·간호사관학교 생도들을 대상으로 한 연례 훈련으로, 원양항해 실습과 군사 외교에 초점을 맞추어 약 열흘간 군함을 타고 주변국을 방문하는 활동을 말한다. 2019년의 3군 합동순항훈련지는 블라디보스토

크였다. 군함을 타고 러시아로 향하는 사관학교 생도들의 모습은 마치 수학여행을 떠나는 학생처럼 즐거워 보였다. 파도가 이렇게 심할 줄 몰랐다며 겁에 질린 표정으로 바다를 주시하는 공군 생도, 이틀 동안 뱃멀미를 했다는 육군 생도, 갑판 뒤에서 운동하는 간호사관학교 생도들의 모습까지. 하지만 김유진에게 입항부터 출항까지의 열흘은 한순간도 마음을 놓을 수 없는 업무의 연속이었다.

"3군 합동순항훈련 때는 오롯이 일만 했어요. 배가 입항할 때 러시아 영해에 들어가는 순간부터 러시아에서 안내 함정이 붙어요. 그럼 교신을 해야 하잖아요. 입항을 하기 전에 특정 구간에서 도선사가 저희를 기다리고 있어요. 우현으로 가라, 좌현으로 가라, 속력을 줄여라, 속력을 더 내라. 계속 지시를 하는데 심지어 러시아는 계류 방식이 저희랑 달라요. 저희는 배의 옆면이 항구와 면하게 측면 계류를 하거든요. 그런데 러시아는 함미, 그러니까 배 뒷부분이 항구에 닿아야 해요. 자동차로 치면 후면 주차 같은 거죠. 함미를 대다가 속력 조절을 잘못하면 배를 항구에 박을 수도 있어요. 그러다 배가 파손되면 큰 사고죠. 심지어 빈 곳에 후면 계류를 하는 게 아니라 양옆에 배들이 서 있고 가운데로 저희 배가 쏙 들어가야 하는 거예요. 그 상황을 다 통역해야 하는데 아무래도 함장님도 승조원들도 다들 예민해질 수밖에 없죠. 그때는 배가 총 세 척이 갔는데 하필 제가 타지 않았던 다른 쪽 배에서 도선사분이랑 함장님이랑 의견이 다른 거예요. 지금 앵커 몇 미터 내렸냐고 러시아 도선사가 물어보는데, 함장님이 '어, 우린 미터를 안 쓰는데!' 이렇게 된 거예요. 우리는 야드로 소통했던 거죠. 그럼 통역인 제가 미터는 야드로, 야드는 미터로 그때그때 환산해서 말해줘야 하는 거죠. 배에서 내려서도 통역이 계속돼요. 단장님이 회의 참석하실 때, 또 한국군 관련 유적지 가실 때 그때그때 다니면서 통역을 해야 하니까. 그야말로 입항부터 출항할 때까지 계속 통역을 했어요. 그게 개인적으로 굉장히 재미있었던 게, 육군이나 공군에도 러시아어를 하는 분이 계시기는 하는데 그분들은 배를 타본 적이 없잖아요. 입출항 과정에 이렇게 에너지 소모가 많을 줄 몰랐던 거죠. 심지어 그 와중에 다른 쪽에서는 행사를 준비하고 만찬 준비까지 다 되어 있으니까 이런 건 또 언제 준비했냐고 놀라시더라고요. 그래서 제가 해군으로 오시라고.(웃음) 뿌듯했죠. 음식 준비하시는 분들도 저에게 많이 물어보세요. 러시아 사람들은 매운 음식을 먹을 수 있냐부터 기본적인 식사 예절 같은 거, 실례가 안 되려면 어떻게 해야 하나 그런 사소한 것까지요. 러시아의 모든 것에 관한 안내를 제가 하는 거죠. 그래도 제가 고생했다는 생각은 별로 안 했던 게, 저야 이벤트성으로 1년에 한 번 타지만 승조원들에게는 그게 일상이니까요. 그런 분들을 보면 내가 통역을 잘해야겠다 생각하죠."

배가 러시아 영해에 머무는 동안 한순간도 빠짐없이 통역을 했다면서도, 자신보다는 1년 내내 3교대로 배를 운항하는 승조원들이 훨씬 힘들었을 것이라고 말하는 김유진은 영락없는 해군이었다.

통역사의 자리

"군에 들어와서 제일 많이 생각하는 건, 여기서 하는 통번역 중에 쓸데없는 건 하나도 없다는 거예요. 그게 가장 좋았어요. 바깥 통번역은 어쩔 수 없이 요율을 따져서 일하게 되잖아요. 군에서는 요율 개념이 없어요. 애초에 돈을 보고 온 것도 아니었고 돈 한 푼 안 받고 하는 통번역이지만, 뭐 하나라도 해군을 비롯한 우리 국군에 도움이 되면 좋겠다는 마음으로 해요."

김유진의 번역하는 마음을 가장 잘 보여주는 말을 꼽으라면 이것이 아닐까. 그 마음의 정체를 군인 정신으로 볼 수도 있겠지만, 그보다 더 앞에 놓은 것은 내가 한 일이 쓸모 있기를 바라는 마음일 것이라고 나는 생각했다. 내가 한 일의 쓸모를 확인하지 못해 공허했던 경험은 내게도 있다. 번역은 계속하는데 이걸 누가, 어떻게 읽는지 알 길이 없었다. 몇 달을 꼬박 번역에 매달린 뒤, 마감 날이 되면 우주를 향해 구멍 뚫린 벽으로 원고를 던지는 일을 반복하는 것 같았다. 내 번역이 누구에게 안착하는지 확인하는 일은 중요하다. 어쩌면 그것이 번역가로서의 수명을 좌우하는지도 모른다. 그 대상이 김유진에게는 군이다. 내 번역을 쓸모 있게 사용할 군이 있는 한 김

유진은 계속 번역할 수 있다. 그러니 김유진이 군을 사랑하지 않을 수가. 군내 통번역자가 처한 환경을 비판할 수 있는 것도 군에 대한 그의 애정이 남다르기 때문일 것이다.

　　김유진을 만나기 전, 인터뷰에 관해 간략하게 소개하는 내 메일에 그가 보내온 답장에는 이런 문장이 적혀 있었다. "아직도 우리나라에서 통번역에 대한 인식이나 이미지가 '외국어 좀 하는 사람이 하는 일'이라는 정도에 머물러 있어서 실제 통역하는 과정에서 겪게 되는 갈등이나 고민에 대해 말할 기회는 동종업계 사람들끼리 대화할 경우를 제외하고는 거의 전무하다고 생각합니다." 이 말이 군인 제복을 입은 통역사의 하소연일 수는 없었다. 자신의 잠재력이 남김없이 쓰이기를 바라는 열정의 표현임을 나는 단박에 알아차렸다. 김유진은 마치 못다 쓴 메일 내용을 이어 말하기라도 하듯 이렇게 말했다.

　　"언어를 아는 것과 통번역을 할 줄 아는 것은 엄연히 다른 일인데, 군 안에서도 그렇고 제가 봤을 때 한국 사회에서 전반적으로 통번역에 대해서 가볍게 생각하시는 것 같아요. '외국에서 살다 왔으면 이 정도는 쉬운 일 아닌가?'라고 생각하세요. 특히 군대에서는 일단 명령이 내려오면 무조건 해야 하는 상황이 많다 보니까 통번역을 시킬 때 고민을 잘 안 하시고 간단한 거라는 말을 정말 자주 쓰세요. '간단한 거야.' '금방 해.' '별거 아니야.' 별거 아니면 직접 하셔도 되는데요.(웃음) 번역이나 통역하는 사람이 판단하기도 어려울 텐데 쉽다는 판단을 감히 누가…. 또 정반대로, 제가 통역하는 걸 보시고 '너 러시아에서 살다 왔어?' 이렇게 묻는 분도 계세요. 교환학생 한 학기 다녀왔다고 대답하면 금방 불신을 가지세요. 살다 오지도 않았는데 네가 하는 러시아가 맞는다고 어떻게 신뢰할 수 있냐. 저쪽이 못 알아들으면 어쩌냐. 혹은 네가 우리 말을 못 전하면 어쩌냐. 이렇게 불신과 의심의 눈초리를 받은 적이 많아요."

번역가라는 직업의 여러 단면 중 하나를 이름으로 짓는다면 '경시와 불신 사이의 연옥에서 고통받는 자'가 적당할지 모른다. 세상에 번역보다 숭고한 일은 많지만, 그렇다고 번역이 누구나 별거 아니라고 잘라 말해도 될 만큼 느슨한 일일 리도 없다. 세상에 그런 일이 있기나 할까. 그럼에도 번역에 대한 평가는 투박하기 그지없다. 누군가 번역을 경시 아니면 불신의 태도로 대한다면, 그는 이해와 번역을 혼동했을 확률이 높다. 이해는 입력이지만 번역은 출력이다. 혼자만 알면 되는 것이 이해라면, 때로는 특정한 타인을 때로는 특정할 수 없는 대중까지도 납득시켜야 하는 번역에는 이해만 할 때는 필요하지 않았던 많은 단계가 필요하다. 수첩에 끼적인 낙서가 초상화로 발전하기까지 긴 과정이 필요하듯 이해가 번역이 되는 과정 또한 마찬가지다.

번역이 군과 만났을 때 생기는 과정이 한 가지 더 있다. 보안이다. 인터뷰 전, 그가 해군에서 번역한 책을 구할 수 없을지 묻자 김유진은 대외비 자료라 외부에서 접근할 수 없을 것이라는 답을 들려줬다. 번역을 할 때도 오로지 해군에서 지급한 컴퓨터로만 작업을 할 수 있었다는 이야기도 덧붙였다.

"기본적으로 안보 경비가 이루어져요. 일단 내부망 컴퓨터는 말 그대로 내부에서만 교류할 수 있는 컴퓨터예요. 그런데 번역을 하려면 검색을 해야 하잖아요. 그럴 때는 외부망 컴퓨터를 쓰는데, 그때도 인터넷 검색만 되고 메일이나 드라이브 접속은 안 돼요. USB로 옮길 수도 없고요. 그래서 내부망과 외부망 이렇게 두 대의 컴퓨터를 놓고 작업을 해요. 주로 외부망 컴퓨터로 번역을 한 뒤에 나중에 내부망으로 보내는데 그럴 때조차도 승인을 받아야 해요. 제가 번역했던 것은 『장갑함 아드미랄 우샤코프』라는 책이에요. 해군본부에서 매년 군사 교리 번역을 하는데, 그중 가끔 러시아 책이 들어갈 때가 있어요. 2017년도에 우연히 이 책이 선정됐고 제가 지원을 해서 번역을 하게 됐어요. 그 책의 내용이 현대 군과는 관련이 없는 19세기 말 20세기 초의 내용이었어요. 그래서 용어 자체가 다르더라고요. 예를 들어 배만 보더라도, 요즘 쓰는 상륙함이나 구축함이 아니라 말 그대로 19세기 함형인 거예요. 옛날 내용이다 보니까 영어로도 참고할 자료가 없어요. 내용도 너무 방대했고요. 책 초반에는 러시아 해군이 영국군과 건조술로 치열하게 군비 경쟁을 벌인 내용으로 시작했다가, 중간에는 배가 건조되는 과정이 너무 상세하게 기술이 돼요. 지주가 어떻고 함미 덱이 어떻고 하는 이야기가 나오는데 저는 모

군사 통번역사의 마음

르는 내용이니까 너무 어려웠어요. 그러다 결말에서는 갑자기 러일전쟁으로 빠져서 쓰시마 해전이 나와요. 부랴부랴 역사 공부를 하고. 사실 저는 내용도 모르는 상태에서 제목만 보고 지원을 했거든요. 그래서 번역하면서 후회를 많이 했어요.(웃음) 그래도 번역할 때는 힘들었지만 실제로 쓸모가 있었던 게 한번은 술자리에서 어떤 러시아 제독이 옛날 배 이야기를 꺼내시더라고요. 16세기에 무슨 배가 있었고 뭐 어쩌고 하시는데 어디서 많이 들어본 단어들이에요. 그래서 제가 통역을 했죠. 16세기 범선의 한 종류인 전열함에 마스트가 두 개고 뭐가 어쨌고 하면서 통역을 하니까 들으시는 한국 측에서도 좋아하셨어요. 아쉬운 건, 이런 번역 건에는 반드시 감수자가 한 명이 매칭이 되거든요. 보통은 예비역이신데, 대부분 한국어를 손봐주시지 러시아어 원문을 대조해서 제가 선택한 단어에 대해 의견을 주시지는 않아요. 번역을 검증하고 확인할 수 있는 단계가 있으면 훨씬 좋겠죠."

김유진에 따르면 영어의 경우 국방부나 국방어학원에서 발행한 용어집이 있지만 러시아어의 경우는 별도의 번역 매뉴얼이 없다. 10여 년 전쯤 발행된 책이 한 권 있기는 하지만 사례와 용례가 한정적이고, 무엇보다 사전 형식을 띠고 있어 통역 현장에 투입하기에는 무리가 있다. 김유진은 양국이 공유하는 회의의 공식 명칭부터 러시아식 서한 샘플, 회의에서 자주 쓰는 용어, 개회사와 폐회사, 건배사 등 실무에 자주 쓰이는 러시아어를 정리한 책이 있다면 실무에 크게 도움이 될 것이라고 했다. 용어뿐 아니라 군내 통번역 전문 인력을 관리하는 체계에 관해서도 김유진은 명확한 의견을 갖고 있었다.

"해군의 경우는, 생도일 때 러시아어를 배우면 소령이 될 때까지는 계속 배에서 근무하느라 러시아어를 쓸 일이 없어요. 만약 러시아에 파견돼서 2년 혹은 4년 교육을 받고 돌아온다고 해도 다시 전투 병과로 돌아가니까 애써 배운 러시아어를 쓸 일이 없기는 마찬가지죠. 그런 상태에서 통역에 바로 투입된다 해도 완성도 있는 통역이 나오기는 어려워요. 말을 배우는 것과 통역을 배우는 건 완전히 다른 일인데 한창 복무 중인 장교를 갑자기 불러서 '누가 오니까 네가 통역을 해라' 하면 그분들도 너무 곤란하고 어렵죠. 또 군내에서 통역의 흐름을 알고 있는 사람이 없어요. 매년 하는 회의인데도 작년에 통역한 사람, 올해 통역한 사람이 다 달랐었어요, 지금까지. 그래서 제 경우에 처음에 와서 애를 먹었던 게, 그동안 이 회의에서 무슨 이야기를 해왔는지 알 수 있는 자료가 없고 실무자들도 1~2년마다 한 번씩 바뀌니까 내용을 아무도 모르는데, 러시아는 반대로 보통 한 직위에서 사람이 잘 안 바뀌어요. 사령관을 10년째 하는 분들이 많거든요. 그러니까 러시아 쪽에서는 매년 똑같은 사람이 오고, 내용을 다 알고 있어요. 그래서 작년에 이렇게 이야기했는데 올해 왜 말이 바뀐 거냐고 묻는 경우도 있었어요."

해군 대위 김유진에게 언어란, 도로나 선로 같은 기반

시설에 버금가는 수단이 아닐까 생각했다. 도로나 선로가 놓여 있어야 병력을 투입할 수 있는 것처럼 언어가 통해야 작전도 훈련도 제대로 통할 수 있을 테니까.

"국방에서 언어가 1순위라고 할 수는 없지만 상당한 역할을 한다고 생각해요. 계급명만 봐도 그래요. 예를 들면 우리나라에서 제일 수장의 이름은 참모총장이거든요. 영어로 하면 CNO(Chief of Naval Operations)고 우리말로는 해군참모총장이라고 부르는데, 러시아에는 그런 직위가 없어요. 거기서는 사령관이 최고예요. 그래서 러시아어로 해군총사령관이 우리나라의 해군참모총장과 같은 말이에요. 그런데 우리 쪽 용어가 통할 거라고 생각하고 CNO라고 그대로 쓰면, 그쪽에서는 말 그대로 참모단의 우두머리 중에서 한 명이 나왔다고 생각을 해요. 전혀 다른 직위가 되는 거고, 자기들보다 낮은 계급이 나왔다고 오해할 수도 있죠. 의전에서는 계급이 상당히 중요하거든요. 그래서 우리의 참모총장을 러시아에 전달할 때는 러시아 스타일로 총사령관이라고 옮겨야 서로 오해가 없어요. 배에서 쓰는 신호도 마찬가지예요. 함정끼리 조우했을 때 대화를 할 수는 없고 무전을 치기는 어려우니까 서로 신호를 주고받거든요. 예를 들어서 나는 오른쪽으로 갈 테니 너는 왼쪽으로 가라, 이런 식으로 해줘야 서로 항로 방해를 안 하고 충돌을 방지할 수 있으니까요. 이 신호와 관련한 협정을 러시아와 맺은 적이 있어서 그걸 활용을 해서 훈련을 해보자 한적이 있어요. 그런데 막상 훈련해보니까 서로 갖고 있는 신호가 다른 거예요. 소통이 안 돼요. 그래서 2019년 말에 신호문 정비를 한 번 했어요. 안 쓰는 신호는 삭제하고, 새로 쓰는 신호는 넣고, 훈련 때만 잠깐 쓰는 임시 신호는 추가하고. 그래서 이제는 소통이 되겠지 하고 훈련을 시작했는데, 결국 신호를 전달하는 과정에 또 통역이 필요하더라고요. 그쪽에서 아예 못 알아듣거나 잘못 알아듣거나 아니면 반대로 우리 쪽에서 수신이 잘 안 되면 결국은 또 무전을 해야 하고 그러면 결국은 통역이 들어가야 하는 거죠. 단순한 훈련도 이 정도인데 만약 실제 전쟁이 일어났다고 하면 전력이 손실될 수도 있죠. 상대방의 메시지를 잘못 읽어서 미사일을 잘못 쏠 수도 있고, 혹은 사전에 적의 정보를 입수했을 때 제대로 해독을 못 해서 보내지 말아야 할 곳에 사람을 보낼 수도 있고요. 제대로 된 작전과 훈련을 위해서도 언어는 정말 중요하다고 생각합니다."

김유진은 외로울 수 있겠다고 생각했다. 군의 존재 이유는 너무나 분명해서, 군인에게 기대하는 덕목은 용맹함이나 충성심, 전투 기량뿐, 언어력이 뛰어난 군인을 참군인이라 칭송하지는 않는다. 잘해봤자 돌아오는 반응이 신기하다는 게 고작인 비주류 언어의 상황은 더 나쁘다. 하지만 김유진은 현실과 묵묵히 타협하는 쪽과는 거리가 멀어 보였다. 김유진에게 앞으로의 계획을 물었다.

"해군에서 일하는 것도 정말 보람되고 좋아요. 여기에서만 할 수

김유진.

있는 통번역이 있거든요. 그게 저에게 전문성을 준다는 장점도 있지만 동시에 한자리에 머무른다는 단점도 돼요. 정말 운이 좋아서 통번역할 기회가 여러 번 있기는 했지만, 사실 교수 사관 본연의 업무는 강의거든요. 하지만 저는 원래 통번역을 하던 사람이었고 계속 이 일을 이어가고 싶어요. 대학원 때는 누가 더 화려하고 수려한 문장을 만드는가 또는 어떻게 하면 토씨 하나 안 틀리고 100퍼센트 전달하는가에 치중했다면 실제로 업무를 하면서 느끼는 건, 번역이든 통역이든 전부 옮긴다고 훌륭한 게 아니라는 거예요. 오히려 전부 옮겨서 이해가 안 되면 안 하느니만 못한 번역이 될 수도 있고 또 수신자를 고려하지 않으면 아무도 못 알아보는 번역이 되니까요. 무엇보다 중요한 건 내가 잘 이해해야 통역도 번역도 가능하다는 거겠죠. 계속 자기 발전을 하고 싶은데 군 안에서 통번역 업무만 고수하기에는 한계가 있어요. 그래서 통번역을 할 수 있는 비슷한 계열이 없을까 생각하고 있고, 아마도 인하우스 통역사로 넘어가지 않을까 생각해요. 기회가 될지는 모르겠는데 국방부에도 아주 드물게 자리가 날 때가 있어서 기회를 보고 있고, 또 철도 쪽도 매력 있어요. 한반도 종단 열차와 러시아 횡단 열차를 연결하는 일을 계속 추진하고 있으니까 그런 사업에 참여하면 보람찬 일들을 할 수 있지 않을까 싶어요. 저에게 도전적인 상황이 계속 주어지면 좋겠어요."

김유진은 충성스러운 군인이고 성실한 교수이며 유능한 통역사다. 하지만 그런 내용으로 이 글을 끝맺는 것은 김유진과 어울리지 않는다. 내게 김유진은 러시아어와 러시아 문화를 사랑하는 유쾌하고 명료한 사람으로 남아 있다. 내가 군인에 관해 갖고 있던 편견, 그러니까 위계질서와 정형화된 사고방식에 익숙할 것 같다는 고정관념을 보기 좋게 깨준 사람이기도 하다. 누가 그랬더라. 사람은 감탄하기 위해 여행을 떠난다고. 김유진과의 인터뷰는 뜻밖의 감탄을 연발하게 되는, 그 와중에 연신 웃음도 터져 나오는 유쾌한 여행이었다.

김유진과 나눈 대화를 다시 읽으니 옛날 흑백영화의 엔딩 같은 장면이 머릿속에 그려졌다. 김유진의 머릿속에 수많은 러시아어와 한국어가 서로 마주 본 채 병정처럼 줄지어 서 있다. 어떤 단어가 호명될지 알지 못한 채 모든 말들이 대기 중인 풍경. 한국어 하나가 울린다. 거기에 대응하는 러시아어가 한 발 앞으로 나오며 소리를 낸다. 김유진의 입에서 같은 소리가 나온다. 소리는 잠시 머물렀다가 공기 중에 흩어진다. 기껏 옮겼더니 자취도 없이 사라진다. 다음 단어도, 그다음 단어도 마찬가지다. 그래도 김유진은 소리내기를 멈추지 않는다. 공기 중에 흩어진 줄 알았던 단어들은 어디론가 날아가더니 이제 막 출발한 열차 뒤에 긴 꼬리를 만든다. 부산에서 출발한 동해선 열차다. 열차는 동해안을 따라 두만강 역에 다다르고 러시아 횡단 열차와 만나 시베리아 평원을 향해 달린다. 흩어졌던 단어들이 열차 안 어느 칸 안으로 모여든다. 그곳에 김유진이 앉아 있다. 서리가 내린 시베리아 대평원을 배경으로 김유진의 주변에 단어들이 가득하고 그의 손톱은 화려한 네일아트로 장식되어 있다. 순간, 군가 같기도 하고 트로트 같기도 한 러시아 가요가 열차 안에 울려 퍼진다. 장자기 장자기 쿵짝 쿵짝. 김유진이 어깨춤을 추기 시작한다. 단어들도 부산하게 흔들린다. 한바탕 춤판이 벌어진 열차가 통째로 들썩인다. 부감으로 멀어지며 화면이 서서히 어두워진다. The End.

군사 통번역사의 마음

양민정, 음악 점역사의 마음

양민정을 기다리는 동안 가장 먼저 눈에 들어온 것은 책이었다. 보통 책보다 몇 배는 크고 두꺼운 양장본이 천장까지 빼곡했다. 검은 책장에 정렬한 붉은 양장본은 러시아군 같았다. 제목에 금박을 입힌 양장본이 마치 사열한 군대처럼 늘어서서 나를 내려다봤다. '펼쳐볼 테면 펼쳐봐. 단, 뒷일을 감당할 각오는 되어 있어야 할 거야'라고 말하면서. 이 근엄하고 엄숙한 권위주의의 도서관은 뭐지. 주눅 든 걸 감추려고 되레 "소품이야 뭐야?"라고 중얼거리며 책장 앞으로 다가갔다. 감당할 뒷일이 가장 적어 보이는 얇은 책 한 권을 꺼내 들었다. 용맹하게 펼친 순간, 나는 물러설 수밖에 없었다. 하얀 종이를 뒤덮은 하얀 점. 그 책은 점자 도서였다. 나는 점자 도서관 안에 있었다.

무심코 펼친 책 속에 온통 하얀 점만 가득한 걸 발견했을 때 나는 당황했다. 읽히는 걸 허락하지 않는 책을 마주한 감정이 당황에 그칠 수 있었던 이유는, 내게 그 책이 필요하지 않았기 때문이다. 만약 그렇지 않았다면? 며칠 내로 완독하지 않으면 금전적으로든 정신적으로든 큰일이 나고 말 어떤 책을 펼쳤는데, 해독할 수 없는 문자만 가득하다면 그때의 절망감은 어떨까. 나는 간절히 보고 싶은데 상대방은 문을 굳게 닫은 채 엿보기조차 허락하지 않을 때의 좌절감이라니. 그때의 책은 생각의 도구가 아니라 폭력의 대명사일 것이다. 그런 좌절이 거듭된 뒤에도 책을 전과 다름없이 대할 수 있을지는 알 수 없는 일이다.

인터뷰 준비를 위해 점자에 관한 책을 찾던 중, 비시각장애인을 대상으로 한 거의 유일한 점자 안내서 한 권을 발견했다.

온라인으로 주문해 받아보니 점자의 기초를 알기 쉽게 설명한 책이었고 좋은 책은 많이 팔아줘야 한다는 생각에, 무엇보다 그 책의 겸손한 판매지수가 안타까워, 집 근처 도서관에 희망 도서로 신청했다. 그로부터 며칠 뒤, 도서관에서 문자가 왔다. 내 신청이 취소됐다는 내용이었다. 이유는 공공 도서관에서 이용도가 낮은 전문서라는 것. 거절 이유가 생소했다. 이미 다른 사람이 신청했다거나 내가 신청한 책의 구판을 소장하고 있다는 이유로 거절당한 적은 있어도 이용도가 낮은 전문서라는 이유로 희망 도서 신청을 거절당하기는 처음이었다. 이 책은 전문서가 아니라 실용서라는 점, 이용도와 상관없이 구비해야 하는 이유를 구구절절 설명한 끝에 도서관은 내 요청을 받아들여주었지만, 씁쓸함은 남았다. 선정 기준이 이용도인 한, 장애에 관한 책이 공공 도서관에 자리할 확률은 높지 않을 것이다.

촉각의 우주

양민정의 첫인상은 경쾌함이었다. 경쾌한 것이 그의 구두 굽 소리였는지 목소리였는지 눈빛이었는지 혹은 그 전부였는지는 확신할 수 없지만, 어쨌든 양민정은 무겁고 투박한 것과는 거리가 멀어 보였다. 또각또각 구두 소리를 들으며 그가 안내하는 대로 1층 갤러리에 들어서자 가장 먼저 몬드리안풍의 추상화가 눈에 들어왔다. 가까이서 보니 레고 블록과 은박지, 고

무장갑과 먼지떨이 등을 붙여 만든 촉각 예술 작품이었다. 주렁주렁 달린 고무장갑이 내게 악수를 청하는 것 같아 손가락을 잡고 살짝 흔들어 보았다. 남편과 미술관에 갔던 일이 떠올랐다. 이건 대체 뭐로 그린 거냐며 손가락을 대보려는 나를 남편은 경악스러운 눈으로 봤더랬다. 안 만지면 되지 뭘 그렇게까지. 그때의 무안함을 곱씹으며 고무장갑의 손가락을 다시 흔들었다. 봐라, 남편아. 세상에는 만지라고 그린 그림도 있다. 다른 쪽 벽에는 큰 글자 도서와 점자 악보가, 그 옆에는 점자를 만드는 과정에 필요한 각종 장비와 시각장애인의 보행을 돕는 여러 버전의 흰 지팡이도 전시되어 있었다. 한 세계의 넓이와 깊이를 장비로 가늠할 수도 있다고 생각하며 갤러리 산책을 마쳤다.

　　자, 드디어 양민정과 마주 앉아 음악 점역에 관해 이야기할 시간이다. 사실 나는 점자에 관해 아는 게 없다. 모르기는 음악도 마찬가지다. 음악 점역이라는 말을 처음 접했을 때 내가 느낀 감정이 난감함에 가까웠던 것은 그 때문이다. 음악에 점자에 번역이라. 떼어놓고 보면 모를 것도 없는 세 단어의 조합이 만들어낸 생경함을 뭐라고 설명할 수 있을까. 애초에 음악과 번역이 조합 가능한 것이었던가. 그 이질감이 오히려 호기심을 자극했다. 약간의 조사 끝에 악보를 점자로 번역하는 일이라는 사실을 알고 그제야 고개가 끄덕여졌다. 그러니까 음악 점역이란 곧 악보 점역인 셈이다. 악보 점역이라고 하니 이미지를 그리기가 한결 수월해졌다. 기호의 나열인 악보를 다른 기호인 점으로 표현하는 일. 음표를 점으로. 기호를 기호로. 아무렴, 이 인터뷰는 기호에 관한 것이다.

우리는 다양한 기호를 쓰며 일상을 보낸다. 아이콘이라는 기호를 터치해 SNS에 입장하고, 신호등이라는 기호를 보고 갈지 설지를 정한다. 픽토그램이라는 기호 덕분에 화장실을 잘못 찾아 들어가는 참사를 피하고, 좋고 화나는 감정마저 이모티콘이라는 기호로 표시한다.

기호의 미덕이 간결함에 있다면 점자만큼 아름다운 기호는 없다. 가장 원시적인 기호 체계인 일명 작대기 긋기만 해도 선으로 이루어져 있고, 단순 암호의 대명사인 모스부호도 점과 선이 혼합되어 있다. 점으로만, 그것도 고작 여섯 개의 점으로만 의미를 전달하는 기호는 점자뿐이다. 점자가 오묘한 이유는 여기에 있다. 실로암시각장애인복지관에서 올해로 11년째 점역사로 일하고 있는 양민정은 점자의 매력에 단단히 사로잡힌 사람이다.

> "점자의 매력은 여섯 개의 점으로만 이루어져 있다는 거예요. 오직 여섯 개의 점으로 모든 걸 표현하거든요. 국어, 음악, 영어, 수학, 과학, 컴퓨터, 생물, 일본어, 중국어, 아랍어, 프랑스어, 이탈리아어 등 전부요. 여섯 개밖에 안 되는 점으로 이 많은 걸 다 표현할 수 있다는 게 정말 신기했어요. 말도 안 되게 신기한 하나의 언어로 느껴졌어요."

양민정,

점자를 처음 만든 사람은 루이 브라유라는 프랑스인이다. 세 살 때 눈을 심하게 다쳐 시력을 잃은 브라유는 열 살에 파리 맹학교에 입학했는데, 그때만 해도 시각장애인이 읽을 수 있는 문서는 알파벳에 형압 처리를 한 정도가 전부였다. 하지만 C, O, Q 같은 알파벳을 손끝의 감각만으로 구별하기는 쉽지 않았다. 지적 호기심이 많아 책을 읽고 싶었던 루이 브라유는 새로운 문자를 꿈꾸기 시작했다. 당시 군에서는 밤에도 암호를 읽을 수 있도록 야간 문자를 고안했는데, 12개의 점으로 된 야간 문자는 사용 규칙이 복잡한 데다 손끝의 감각을 사용하는 일에 서툴렀던 군인들에게는 널리 보급되지 못했다. 브라유는 여기에서 아이디어를 얻어 6개의 점으로 된 지금의 점자를 만들었다.

알파벳을 나타내는 점자 표기법이 따로 있듯, 한글을 표현하는 점자 표기법도 따로 있다. 우리나라에서 사용하는 점자의 이름은 '훈맹정음'이다. 국립맹아학교의 전신인 제생원 맹아부 교사였던 박두성은 학생들에게 일본어 점자를 가르쳐야 하는 현실이 안타까웠다. 당시 평양맹아학교 운영자였던 로제타 홀이 개발한 평양 점자가 있었지만, 네 개의 점으로 이루어져 있어 사용하기에도 인식하기에도 다소 불편한 점이 있었다. 박두성은 한글 점자 연구를 시작해 제자들과 함께 세로 세 줄에 가로 두 줄로 이루어진 3·2점자를 창안했고 이것을 보완해 1926년 11월 4일에 훈맹정음을 반포했다. 이후 약자와 약어가 추가되고 문장부호 표기법이 개정되는 등 여러

음악 점역사의 마음

단계를 거쳐 1983년에 최초의 한국점자통일안이 만들어졌고 수정과 보완을 거쳐 지금에 이르렀다.

온갖 것을 표현해내는 점자이지만 형태는 단순하기 그지없다. 여섯 개의 동그란 점이 가로 두 줄, 세로 세 줄로 늘어선 것이 전부다. 점의 지름 1.5~1.6밀리미터, 점 간 거리 2.3~2.5밀리미터, 자간 거리 6.1~7.6밀리미터, 줄 간 거리 10~10.2밀리미터를 최소로 유지해야 한다는 정밀한 규정에 따라 도드라짐과 평평함 또는 흑과 백으로 구분하여 총 63개의 점형을 만들 수 있다.

점자를 보자마자 내가 떠올린 건 자물쇠였다. 헬스클럽 로커에 걸린 내 자물쇠는 두 줄의 숫자로 이루어져 있어서 비밀번호에 해당하는 숫자를 누르면 딸깍 소리가 나며 자물쇠가 열린다. 로커 자물쇠를 열면 고작 샤워 가방이 나오지만 점자를 열면 이야기와 음악이 흘러나온다.

음악의 끈을 놓지 않고 싶어서

양민정은 어릴 때부터 음악을 좋아했다. 열한 살 때 상당한 수준의 피아노 실력을 쌓았고 그의 실력을 아는 주변인은 양민정이 당연히 음대에 진학할 거라고들 예상했다. 피아노라면 소싯적에 나도 좀 쳤다. 어릴 적 나는 해당화음악학원의 블루칩이었다. 아이가 피아노에 소질이 있다는 선생님의 말에 엄마는 당시 150만 원을 호가하던 성인용 고급 피아노를 사주었고, 엄마의 기대에 부응이라도 하듯 나는 초등학교 저학년 때 바이엘과 체르니 100번과 30번을 차례차례 뗐다. 하지만 체르니 40번이 버거워서였는지 아니면 피아노 학원 개인 연습실 의자에 오줌을 지린 뒤부터였는지, 지금은 기억나지 않는 어떤 이유로 클래식 곡 연습을 그만두고 〈보랏빛 향기〉, 〈이별의 그늘〉 같은 대중가요의 반주만 연습하다가 결국 피아노를 놓게 됐다. 우리 집에서 거대한 피아노가 사라진 게 언제였는지 기억도 나지 않는다. 이런 나와 달리 양민정의 피아노에 대한 마음은 깊고 애절했고 오래갔다.

"초등학교 때부터 음악을 좋아했어요. 일곱 살에 처음 피아노를 배웠고 4학년 때까지 꽤 높은 수준에 도달했어요. 피아노 선생님도 당연히 제가 음악을 할 줄 알 정도였는데, 집에서는 제가 공부를 하기를 바라셨어요. 아버지가 음악에 대해 해묵은 인식이 있으신 분이라 반대를 하셨죠. 그때부터 피아노 학원을 못 다니게 됐고, 결국 피아노를 접었어요. 그렇게 음악을 그만두고 부모님이 원하신 상경대학에 입학했어요. 기억나는 건, 제가 수시 입학으로 들어갔는데, 합격한 걸 알자마자 바로 그 대학교의 음악 동아리부터 검색했어요. 그 음악 동아리의 온라인 모임이 다음 카페에 있었는데, 입학식을 하기도 전에 카페에 가입해서 선배님들과 열심히 교류했죠. 입학한 후에도 과 MT보다는 동아리 MT를 많이 갔고요. 말하자면 대학교 입학이 아니라 동아리 입학을 한 거죠.(웃음)"

음악 동아리에 가입한 양민정은 물 만난 물고기였다. 베이스 기타를 튕기고 피아노를 치고 때로는 노래도 하며 동아리 활동에 몰입한 그였지만, 동아리만으로는 채워지지 않는 것이 있었다. 결국 다시 음대에 가기로 마음먹었다. 하지만 이미 손가락이 굳어 클래식을 시작하기에는 때가 늦었다. 결국 실용음악과를 목표로 낮에는 아르바이트를 하고 저녁에는 학원에 다니며 공부를 다시 시작하자 부모님도 더는 반대하지 못했다. 아르바이트비의 대부분을 학원비로 쓰며 6개월을 입시에 매달렸고, 끝내 음대에 합격했다.

"제가 선택한 전공은 전자 디지털 음악이에요. 쉽게 표현하면 미디라고 하죠. 노래방 반주를 만드는 것부터 시작해서 MP3로 된 음원이 나오기까지의 모든 과정에 관여하는 일이라고 보시면 돼요. 이미 만들어진 노래를 디지털화하는 경우도 있고, 아예 처음부터 작곡을 디지털로 할 수도 있고요. 노래를 녹음하거나 믹싱하고 편곡하는 과정까지도 전부 디지털로 작업을 해요."

전자 디지털 음악을 공부한 뒤 양민정은 다양한 일을 경험했다. 연극 무대 뒤에서 라이브 연주도 하고, 게임 음악을 만들기도 했다. 스튜디오 음악 작업에 참여했을 때는 예상치 못한 난관에 그만둬야 했다. 음악 작업은 대개 심야에 진행이

음악 점역사의 마음

되는데, 낮과 밤이 바뀔 수밖에 없는 작업 일정을 아침형 인간이었던 양민정의 몸이 버티지 못했던 것. 그럼에도 음악에 대한 끈을 놓고 싶지 않았다. 어린이 대상 음악 교육 프로그램에 1년 반가량 몸담았지만, 뜻밖의 교통사고로 입원을 하게 되면서 그마저 경력이 끊기고 말았다.

"그 뒤로는 방황을 좀 했어요. 그때 부모님의 압박이 있었죠. 그것 봐라, 하라는 회계 공부했으면 지금쯤 어디 회계사는 됐을 텐데.(웃음) 그래도 다른 길을 또 찾아봐야지 하면서 이것저것 알아봤죠. 그러던 와중에 정말 우연히 음악 점역이라는 분야를 알게 됐어요. 채용 공고를 보고 처음 안 거죠. 그때까지는 장애인을 접한 적이 한 번도 없었어요. 내가 장애인에게 도움이 돼야겠다는 생각도 당연히 해본 적이 없죠. 본 적이 없으니까. 음대 다닐 때도 마찬가지였어요. 요즘은 그때보다 음악 점역이 좀 알려진 것 같아요. 저희가 음대에 설명회를 가기도 하고, 덕분에 음악 전공자 중에서 저희 일에 대해 문의하시는 분들도 계세요. 그런데 그때만 해도 주변에 음악 점역을 진로로 생각하는 사람은 없었어요."

양민정이 실로암시각장애인복지관에 입사한 때는 2009년. 당시에도 음악 점역에 관한 지침이 있기는 했지만 지금처럼 자세하지는 않았다. 국내 자료가 부족해 외국 시스템을 참고해야 하는 것부터가 큰 고충이었다.

음악 점역사의 마음

"제가 입사했을 때가 복지관에서 음악 점역 사업을 막 시작하던 시기였는데, 전공이 전자 디지털 음악이라고 하니까 마침 미국에서 만든 악보 점역 프로그램이 있으니 그걸 분석해봐라 하신 거예요. 그런데 그때는 제가 음악 점역은커녕 한글 점자도 모르던 때였거든요. 그래서 일단 그 프로그램의 한글 설명서를 만들기 시작했고, 프로그램이 악보를 점자로 변환해서 출력하면 먼저 입사하신 분들에게 가져가서 '이것 좀 봐주시겠어요?' 하고 물어보면서 일을 했어요. 그때 처음으로 테스트했던 곡이 베토벤 〈피아노 소나타 1번〉이었는데, 정교하기로 유명한 악보라 프로그램을 돌렸을 때 잘 나왔는지 확인하는 것도 쉽지가 않았죠. 그때부터 더듬더듬 점자 악보를 보기 시작했어요."

음악 점역사가 되려면 일단 음악을 전공해야 하고 음악 점역교정사 자격증이 있어야 한다. 점역의 기본이 한글인 만큼 한글 점역교정사 자격증은 필수이고, 점역하는 악보가 대부분 영어로 쓰인 탓에 영어 점역교정사 자격증도 따야 한다. 양민정은 입사 첫해에 한글과 영어와 음악 점역교정사 자격증을 취득해 삼관왕을 달성했다. 퇴근 후 새벽 1~2시까지 주경야독한 결과였다.

"저는 영어 점자와 음악 점자를 같이 공부했는데 그때 참 어려웠던 게, 점이 제시가 되면 이걸 음악으로 읽어야 하나 영어로 읽어야 하나 막막했어요. 지금은 익숙해서 금방 인식이 되는데, 그때만 해도 잘 몰랐을 때라 같은 점을 보면서 음표로 찍었다가 알파벳으로 찍었다가 좌충우돌이었죠. 음악의 경우는 마디 번호를 첫 번째 칸부터 쓰거든요. 그런데 국어는 한글 문장에서 들여쓰기하듯이 처음 두 칸을 비우고 시작해요. 그런 식으로 시작 부분을 보면 이게 어떤 언어인지 인식할 수가 있어요. 만약에 한글과 영어가 섞여 있을 때는, 영어 점자라는 걸 보여주는 기호가 따로 있어요. 그 기호가 나오면 여기서부터는 영어 시작, 또 영어가 끝날 때 그 기호를 다시 써주면 여기서는 영어가 끝났다는 표시가 되고 다시 한글이 나오는구나 알 수 있죠. 그때는 이 전환이 너무 어려웠는데 그래도 재미는 있었어요."

어려웠지만 재미있었다는 표현이 진부하게만 들리지는 않았다. 늦은 밤, 창가에 면한 책상에서 스탠드 불빛에 의지해 교재에 밑줄을 쳐가며 공부하는 모습이 꼭 양민정일 것 같았다. 하지만 아무리 성실한 사람이라도 1년 안에 세 개의 자격증을 따는 일이 쉽지 않았을 것이다. 타고난 성실함 외에 그를 점자에 몰두하게 만든 마음은 무엇이었는지 물었다.

"아주 단순하게는 이런 거였어요. 나는 음악 점역사로 입사를 했는데 음악 점역사로서 일을 못 하고 있다는 생각. 그 자격을 먼저 갖춰야겠다는 생각이 가장 컸고요. 다음으로는 나도 악보를 제대로 찍고 싶다는 마음이었죠. 그때는 거기까지였어요. 입사한 지 1년도 안 된 신입 직원의 머릿속에서 더 큰 그림이 나올 수는 없

음악 점역사의 마음

었고요.(웃음) 일단 그걸 따놔야 뭘 하든 할 수 있겠다고 생각했어요. 그런데 자격증을 땄다고 해서 일이 갑자기 수월해지지는 않더라고요. 모든 시험이 그렇지만, 시험과 실전은 다르잖아요. 처음에는 바이엘 같은 단선율을 점역하면서도 한 페이지에 한 시간은 걸렸던 것 같아요. 공부와 실전은 다르다는 걸 뼈저리게 느꼈죠. 내가 공부한 건 이 포맷인데, 실전에서는 그 포맷에 맞는 악보가 하나도 없으니까. 자격증을 땄어도, 실제 점역을 하려면 규정집을 처음부터 봐야 하는 건 마찬가지였어요. 지금 제 책상에 규정집이 네다섯 권 있는데, 지금도 점자를 찍을 때 규정집부터 찾아봐요."

인공 지능? 어디 감히

음악 점역을 검색하면 자주 눈에 띄는 사진이 있다. 두 사람이 책상에 나란히 앉아 한 명은 컴퓨터를 보고, 한 명은 작고 네모난 기계를 만지는 모습이었다. 비시각장애인 점역사와 시각장애인 교정사가 팀을 이루어 일하는 모습이었다.

"음악 점역에는 점역과 교정, 검수까지 총 세 가지 과정이 있어요. 먼저 점역사가 악보를 해석한 뒤에 점역 프로그램으로 점역을 해요. 점역이 완성되면 시각장애인 교정사와 나란히 앉아서 교정을 시작하죠. 보신 사진은 아마 시각장애인이 점자 정보단

말기로 점자를 읽는 모습일 거예요. 비시각장애인이 점역을 마친 악보를 단말기로 보내면, 시각장애인이 단말기에 입력된 점자 악보를 손으로 만지며 그 내용을 입으로 읽어요. '8분 도, 2분 파, 메조포르테, 25마디' 하는 식으로요. 점역사가 그걸 들으면서 실제 악보와 같은지 비교를 하는 거죠. 마지막으로 경력 5년 이상의 숙련된 점역사가 검수를 마치면 악보가 완성돼요. 여기까지 보통 2~3주가 걸려요. 그런데 모든 악보를 같은 과정으로 만드는 것은 아니에요. 처음부터 끝까지 한 권을 다 점역한 뒤에 교정을 보면, 초반에 방향을 잘못 잡았을 때 바로잡기가 어렵거든요. 그래서 아주 일반적인 형식의 작품집이 아니라면, 앞부분 일부를 먼저 점역하고 교정한 뒤에, 그걸 기준으로 나머지 부분도 점역을 해나가요. 일종의 샘플 같은 거죠."

악보를 점자로 옮긴다는 것은 어떤 일일까. 악보에 표시된 것은 음표만이 아니다. 음의 높이, 박자, 조표, 빠르기, 소리의 크기와 연주법, 느낌까지 작곡자가 표현하고자 한 모든 악상 기호와 지시어가 악보 안에 담겨 있다. 점자 악보는 이 모든 정보를 담아야 한다. 잉크로 인쇄된 악보인 묵자 악보에서는 별다른 표시가 없어도 직관적으로 알 수 있는 정보들, 이를테면 오른손 연주인지 왼손 연주인지, 단음계인지 장음계인조차 점자 악보에서는 모두 점자로 설명해야 하고 심지어 악보에 적힌 숫자와 영어 지시어까지 옮겨야 한다.

"어려운 악보나 희귀한 악기에 대한 악보를 의뢰받으면, 지금 있는 규정으로 점역이 가능한가부터 봐요. 예전에 기타의 타브 악보라는 걸 점역해야 할 때가 있었는데, 지침이 전혀 없더라고요. 결국 기타 전문가를 초빙해서 다 같이 기타에 대해 공부하고, 타브 악보 보는 법을 공부하고, 기존에 있었던 기호들과 겹치면 헷갈리니까 그런 것들을 정리하고 나서야 점역을 시작할 수 있었어요. 이런 악보들은 오랜 시간 점역사와 교정사들이 같이 연구해야만 결과물이 나올 수 있어요. 우쿨렐레나 하모니카, 리코더처럼 세부 지침이 없는 악기들은 대부분 이런 과정을 거쳐요. 그래서 의뢰자에게 늘 양해를 구해요. 1년이 걸릴 수도 있다 혹은 6개월 후에나 시작을 할 수 있을 것 같다고. 연구하면서 해야 하는 일이다 보니 힘들기는 하지만, 재미도 있고 자부심도 있고 뿌듯하기도 해요."

출판 번역으로 치면, 원문의 언어를 전혀 모르는 데다 검색은커녕 마땅히 참고할 사전도 없는 책을 한국어로 옮겨야 하는 상황과 비슷하지 않을까. 쇄빙선이 얼음을 깨며 앞으로 나아가듯, 학습과 동시에 번역하는 일은 얼마나 고될까. 그 고됨을 견디게 하는 것이 재미와 뿌듯함이라면, 대체 얼마나 재미있고 얼마나 뿌듯해야 그 일을 10년 넘게 계속할 수 있는 것인지 감이 오지 않았다. 양민정에게 묻지 않을 수 없었다. 음악 점역이 왜 좋은지. 그는 잠시 생각에 잠긴 뒤 입을 열었다.

음악 점역사의 마음

"점역 일을 하다가 2013년에 퇴사를 해야 하는 집안 사정이 있었어요. 그때 시누이가 운영하는 피아노 학원을 제가 맡아서 운영했거든요. 저도 아이가 있으니 회사 생활보다는 학원 운영이 더 수월하겠다 싶어서 덜컥 맡은 거죠. 학원에 가면 아이들이 보는 피아노 교재가 있잖아요. 제가 그걸 보면서 계속 전 직장 동료에게 연락을 하더라고요. 이 책 점역하기 너무 좋아. 이거 점역해 봐.(웃음) 그때는 '시각장애인 아이들도 이런 새로운 교재로 피아노를 배우면 얼마나 좋을까' 하는 생각을 많이 했고, 그래서 피아노 학원에 온전히 집중하지를 못했어요. 점역할 때도 물론 힘든 일이 없지 않았지만 그래도 기본적으로 즐겁고 재미가 있었거든요. 그런데 피아노 학원을 운영하는 일은 몸은 편했지만 마음이 허전했어요. 그러다 어느 날 가족들과 대화를 나누는데, 남편이 저에게 눈에서 빛이 사라졌다고 하더라고요. 뭔가 다운되어 있는 것 같다고. '너 다시 그 일 할래?' 하고 물어보길래 그러겠다고 했죠. 그래서 퇴사했다가 다시 들어왔어요. 2015년에요. 그제야 내가 뭔가 일을 하고 있다는 느낌이 들더라고요. 내가 점자를 되게 좋아하는구나, 그때 알았어요."

점역은 양민정의 눈에 빛이 돌게 하는 일이지만, 그럼에도 시류는 피할 수 없다. 인공지능이 호시탐탐 인간 번역가의 설 자리를 위협하는 상황에서 점역사라고 안전할까. 일단 사람이 하는 점역은 완성하기까지 여러 단계가 필요하고 시간도 걸린다. 무엇보다 오류를 피할 수 없다. 그 사실을 인정하

음악 점역사의 마음

지 않은 채, 기계로 대체 불가능한 고귀하고 가치 있는 일이
라고 외치는 일은 무의미하다. 인공지능이 책을 낭독해주는
시대에 점자가 여전히 유용한 기호이고 그래서 시간과 비용
을 들여 개발해야 할 수단이라면, 짚어야 할 것은 인간 점역
사가 시각장애인에게 무엇을 줄 수 있는가가 아닐까.

"사실 국어와 영어는 컴퓨터로 100퍼센트 점역할 수 있어요. 거
의 오류가 없다고 보면 돼요. 다른 외국어도 많이 구축되어 있어
요. 물론 약간의 편집은 필요하죠. 컴퓨터가 작업하기 전후에 사
람의 손을 거쳐야 하는 과정이 아직 필요해요. 그런데 음악 점역
은, 저희끼리 이렇게 이야기해요. 음악은 턱도 없다고. 어디 감
히.(웃음) 아무리 빅데이터를 넣어도 이건 불가능하다. 왜냐하면
같은 곡이라고 해도 출판사마다 내용과 표기가 다르기 때문에 그
걸 표현하는 방법도 제각각이거든요. 이를테면 어떤 기호를 이
출판사는 처음에 쓰고 이 출판사는 중간에 써준다고 했을 때, 그
런 식으로 정형성을 벗어난 기호를 프로그램에 넣고 돌리면 그걸
제대로 인식을 못 해요. 그리고 보이는 대로 점역하면 이상하고
복잡하게 연주하게 되는 경우가 많아서 반드시 해석해서 점역해
야 해요. 오선 위에 적힌 음표와 기호만 점역한다면 제대로 나올
수도 있겠죠. 하지만 국립장애인도서관에서 발행하는 『점자 악
보 제작 지침』을 준수한 악보라든지, 한국인에게 익숙한 악보 형
태는 프로그램만 돌려서는 나올 수가 없어요. 결국 사람 손이 필
요한 작업이죠."

양민정,

악보의 비정형성이라는 난관이 인간을 필요로 한다면, 인간의 역할은 해석일 것이다. 연주자는 저마다의 해석으로 악보의 빈 곳을 채우지만, 묵자 악보의 빈 곳과 점자 악보의 빈 곳이 같을 수는 없다. 묵자 악보에서는 별다른 설명이 없어도 한눈에 정보를 알 수 있을 때도 있지만, 점자 악보에서는 모든 정보를 점자로 설명해야 하기 때문이다. 마땅히 비워야 할 자리와 점자로 채워야 할 자리를 판단하는 것, 그래서 연주자가 악보를 해석하는 과정에 방해가 되지 않도록 옮기는 일은 온전히 점역사의 몫이다.

"점역사의 해석이란 여러 의미가 있어요. 악보를 보이는 그대로 점자로 풀면 점역사는 일하기가 굉장히 쉬워요. 하지만 그렇게 하면 시각장애인이 알아보기가 너무 어려워지거든요. 그래서 점역을 할 때, 최대한 정돈되어 보이게 점역하려고 노력하는 부분이 있어요. 악보에 담긴 그 많은 정보를 어떻게 정돈해서 옮기는가에 따라 이해하기 쉽고 어려울 수 있으니까요. 또 악보 내에 오류도 상당히 많아요. 악보에 오류가 있으면 그걸 그대로 점역하지 않고, 다른 악보를 찾아보거나 음원을 듣고 올바른 내용으로 수정을 해서 점역을 해요. 점역사의 해석이 없이 프로그램만으로 이런 과정을 기대하기는 어렵죠."

음악 점역사의 마음

우리가 건네는 기호들

양민정을 만나기 전 가장 큰 걱정은 내가 말실수를 하지 않을까 하는 점이었다. 책과 기사 몇 건으로 습득한 허술한 정보로 나도 모르게 그가 하는 일이나 시각장애인을 안다고 생각하지는 않을지. 그렇다고 질문을 안 할 수는 없는 노릇이었다. 양민정이 무지와 무례를 섣불리 판단하는 사람이 아니어서 다행이라고 생각한 건, 전체 시각장애인 중 점자 해독이 가능한 비율은 10퍼센트도 안 된다는 기사를 언급하며 점자 문맹률에 대한 그의 생각을 물었을 때였다.

"시각장애인 중 점자를 읽을 수 있는 사람의 비율이 굉장히 낮다고 알려져 있는데, 여기에 오해가 있어요. 시각장애인이라고 해서 아무것도 안 보이는 건 아니에요. 사실 시각장애인 중에 조금이라도 보이는 분들이 더 많아요. 조금의 빛조차도 아예 안 보이는 걸 전맹이라고 하는데요. 전맹인 분들은 대부분 점자를 읽으세요. 특히 선천적 시각장애인이신 분들은 맹학교를 다니고 거기서는 교육이 점자로 이루어지기 때문에 점자를 100퍼센트 다 배우시죠. 전맹의 비율이 전체 시각장애인 중에서 낮기 때문에 전체 통계를 냈을 때는 점자 인식률이 굉장히 낮은 것처럼 보이는 거죠. 다만 음악 점자는 점자 중에서도 어려운 편에 속해요. 그래서 영어나 다른 외국어를 읽으시는 분도 음악 점자는 못 읽는 경우가 많아요."

음악 점역사의 마음

정확한 발음으로 완전한 문장을 말하려 애쓰는 양민정의 말투에서 정성을 느꼈다면 과장일까. 타인을 설득하는 말투에서 성실함이 느껴지는 건 그가 자신에게 성실한 사람이기 때문일 거라고 생각하며 안심하고 인터뷰를 이어갔다.

"음악 점역을 의뢰하는 분 중에는 시각장애인 학생들을 가르치기 위해서 악보가 필요한 시각장애인 교수님도 계시고요, 이분들이 본인의 연주를 위해서 의뢰하기도 하세요. 음대에 진학하거나 외국으로 유학을 간 학생들도 저희한테 계속 악보를 받아 공부하고, 외국인 시각장애인도 저희 홈페이지를 통해 의뢰해요. 국적에 상관없이 무료로 점자 악보를 제작해 주는 곳이 세계에서 저희 기관뿐이거든요. 음악 교과서 점역 의뢰도 들어오고, 예전에는 수능 시험의 음악 과목을 점역한 적도 있어요. 거의 모든 의뢰가 시급하다고 보시면 돼요. 왜냐하면 수업 시간에 교수님이 '자, 다음 주까지 이 곡을 연습해 와'라고 하면 일주일 안에 그 곡을 연주할 수 있을 만큼 연습을 해가야 하잖아요. 비시각장애인 학생이라면 그날 집에 가는 길에 악보를 사서 다음 수업까지의 시간을 오로지 연습 기간으로 쓸 수 있지만, 시각장애인 학생은 그렇지 않아요. 일단 악보가 점역되기까지 기다려야 하고, 점자 악보를 입수했다 해도 한 손으로 악보를 만지면서 읽어야 하기 때문에 악보를 보면서 동시에 연주하는 게 불가능해요. 악보를 모두 외운 뒤에야 제대로 연습할 수 있어요. 그러면 악보 점역하는 시간, 외우는 시간, 연습하는 시간까지 몇 배는 더 긴 시간이 필

양민정,

요한 거예요. 이걸 생각하면 점역을 빨리 안 해드릴 수가 없죠. 저희도 그런 사정을 잘 알아서, 긴급 제작 서비스라는 걸 만들어서 그런 분들에게 맞춰드리려고 노력하고 있어요. 저희가 점역을 안 해드리면 이분들은 공부도 할 수 없고 연주회도 할 수 없거든요. 어떻게든 맞춰드리려고 하죠."

인터뷰를 하는 동안 양민정이 당위를 말한 적이 없다는 사실을 깨달았다. 시각장애인을 대할 때는 어떠해야 한다, 시각장애인을 위해 무엇을 해야 한다는 말을 양민정에게서 들은 기억은 없었다. 그에게 시각장애인은 무언가를 베풀어야 하는 대상이 아니라 나란히 걷는 동행이라고 추측하게 된 건, 그동안 만났던 시각장애인 중 기억에 남는 사람이 있는지 물었을 때였다. 그는 한 사람을 특정해 말하기 어렵다고 했다. 양민정의 기억력이 희미하거나 그가 시각장애인에 대한 어떤 인상도 느끼지 못해서가 아니었다.

"일단 악보 의뢰가 한 번으로 그치는 경우는 없어요. 한번 알게 되면 계속 같이 가는 관계가 돼요. 학생들도 방학하면 우리 회사에 와서 만나기도 하고, 유학 가신 분들은 잠깐 한국에 오셨을 때 들르시기도 하고. 그렇게 학생 때 알게 되면 사회인이 되고 중년이 되어서도 계속 저희와 교류하세요. 저희가 의뢰비를 따로 받지 않거든요. 국가의 지원을 받아서 하고 있기 때문에 출력할 때 필요한 종잇값만 받아요. 파일로 받으시는 분들에게는 그마저도 받지 않고요. 그러다 보니까 악보 받으신 분들이 어떤 때는 정말 고맙다면서 봉투를 들고 오실 때가 있어요. 저희는 '이거 받으면 큰일 납니다' 하고 안 받죠. 그랬더니 다음번에는 먹을 걸 사다 안겨주시더라고요."

나는 아직 시각장애인을 만나본 적이 없다. 만나기도 전에 실례를 범할까 봐 두려워한 내가 그제야 보였다. 내가 내민 선의의 기호가 시각장애인에게 닿았을 때 동정이나 무시로 번역되지는 않을지 지레 겁을 먹었다. 양민정은 마치 이런 관계도 가능하다고 내게 말하는 것 같았다. 그는 장애인과의 관계가 어떠해야 한다고 말하지 않았다. 대신 "같이 가는 관계"라거나 "교류"라는, 관계에 속한 두 사람 사이의 높낮이가 감지되지 않는 단어를 골라 말했다. 아마도 양민정의 머릿속에는 장애인과 비장애인을 구별하는 칸막이가 없거나 낮을 것이다. 나도 그렇게 생각해보기로 했다. 어떤 실례도 범해서는 안 된다는 강박으로는 관계가 시작될 수 없으니까. 타인에 관해 모르는 것은 당연하고 그러므로 서로의 기호를 오해하는 일은 일어날 수 있다. 기호를 맞춰나가다 보면 어느새 같이 가는 관계가 될 수도 있지 않을까. 서로의 기호를 공유할 정성만 있다면.

앞으로 점역하고 싶은 악보가 있느냐고 묻자 양민정은 국악 악보가 많아지면 좋겠다고 대답하더니 곧바로 요즘 자주 듣는 노래는 동요라고 고백하며 웃음을 터뜨렸다. 경쾌한

웃음소리에 나도 웃음이 나왔다. 널찍한 테이블을 채운 건 점
자책과 악보와 웃음소리였다.

번역하는 마음

1판 1쇄   2021년 12월 6일

지은이   서라미
펴낸이   김태형
펴낸곳   제철소
등록   제2014-000058호
전화   070-7717-1924
팩스   0303-3444-3469
제작   세걸음

전자우편   right_season@naver.com
인스타그램 instagram.com/from.rightseason

© 서라미, 2021

ISBN 979-11-88343-52-2 03300